ANTONIN VOYÉ

L'ABBÉ CRUD

ET LA

NOUVELLE ORTHOPÉDIE

IN-OCTAVO DE 250 PAGES. — 16 GRAVURES HORS TEXTE

> *Nous devons renoncer aux traditions surannées de maîtres trop écoutés qui ont persuadé à leurs contemporains que c'est par l'immobilisation que l'on obtient la solidité des articulations ; c'est une erreur absolue, démentie par l'expérience.*
> D' F. GILLES. *Mémoire sur l'Institut de Sens*, 1897.

> *Pourquoi les médecins n'osent-ils pas ou ne savent-ils pas soigner les affections orthopédiques ? — C'est parce qu'on ne le leur a pas appris. Il est vrai qu'il y a seulement dix ans on ne pouvait guère le leur apprendre.*
> D' F. CALOT. *L'orthopédie indispensable*, 1909.

PRIX : 5 FRANCS

Adresser les demandes à M. l'abbé BELET, curé d'Arbanats (Gironde).

LA ROCHELLE
IMPRIMERIE MASSON FILS & Cie, RUE SAINT-CÔME, 3 BIS

1912

L'ABBÉ CRUD
ET LA NOUVELLE ORTHOPÉDIE

DU MÊME AUTEUR
EN COLLABORATION AVEC M. L'ABBÉ CLÉMENT GELÉZEAU

SAINT-MAIGRIN

PAROISSE, COMMUNE, SEIGNEURIE ET MAISON SEIGNEURIALE

Un volume in-8° de 400 pages, illustré de 36 gravures.

Prix : 7 fr. 50, franco.

Chez les auteurs :

MM. Voyé, Antonin, ancien curé doyen, à La Jarrie (Ch.-Inf.).
Gelézeau, Clément, curé, à Saint-Maigrin (Charente-Inf.).
Hachette et Cie, 79, boulevard Saint-Germain, Paris.

DE ANTONIN VOYÉ

LE CROISÉ

TRAGÉDIE EN 5 ACTES EN VERS

Prix : 2 francs, franco.

Chez l'Auteur, à La Jarrie, ou chez MM. Masson fils et Cie, imprimeurs, La Rochelle (Charente-Inférieure).

SOUS PRESSE :

L'APOTRE

SAINT EUTROPE DE SAINTES

TRAGÉDIE EN 5 ACTES EN VERS

Pl. I. Frontispice.

M. L'ABBÉ PHILIBERT CRUD

ANTONIN VOYÉ

L'ABBÉ CRUD

ET LA

NOUVELLE ORTHOPÉDIE

IN-OCTAVO DE 250 PAGES. — 16 GRAVURES HORS TEXTE

> *Nous devons renoncer aux traditions surannées de maîtres trop écoutés qui ont persuadé à leurs contemporains que c'est par l'immobilisation que l'on obtient la solidité des articulations ; c'est une erreur absolue, démentie par l'expérience.*
> Dr F. GILLES. *Mémoire sur l'Institut de Sens*, 1897.

> *Pourquoi les médecins n'osent-ils pas ou ne savent-ils pas soigner les affections orthopédiques ? — C'est parce qu'on ne le leur a pas appris. Il est vrai qu'il y a seulement dix ans on ne pouvait guère le leur apprendre.*
> Dr F. CALOT. *L'orthopédie indispensable*, 1909.

Prix : 5 Francs

Adresser les demandes à M. l'abbé BELET, curé d'Arbanats (Gironde).

LA ROCHELLE

IMPRIMERIE MASSON FILS & Cie, RUE SAINT-CÔME, 3 BIS

1912

Tous droits de traduction et de reproduction
réservés pour tous pays.

A Monsieur l'abbé Voyé,
à La Jarrie (Charente-Inférieure).

Monsieur l'Abbé et vénéré Confrère,

J'ai lu avec un vif intérêt le bel ouvrage que vous destinez à la publicité.

L'*orthopédie nouvelle*, objet principal de votre livre, aujourd'hui encore si négligée par la Faculté, est ou devrait être une des principales branches de la science médicale, si l'on considère le nombre effrayant des infirmes qui forment sa clientèle.

J'admire avec quelle intelligence et quelle clarté vous avez traité ces matières, car l'orthopédie ne se comprend bien que par la pratique fréquente unie à l'étude approfondie de l'anatomie. Vous aviez, il est vrai, l'ouvrage du docteur Calot sur ce sujet spécial, quelques notes très incomplètes du docteur Gilles, de Marseille, et un résumé très succinct que j'ai écrit à l'usage de mon cher confrère, M. Belet, curé d'Arbanats.

Cela a suffi pour vous convaincre que la découverte de la guérison des luxations congénitales et de la coxalgie ne vient pas de l'Institut de Berck, mais du presbytère de La Selle-en-Hermois. Avec cela vous avez pu démontrer l'avantage immense de notre méthode sur celle du docteur Calot : A celle-ci, des mois et des mois sont nécessaires pour atteindre un résultat que la nôtre obtient en une seule opération et presque toujours sans douleur. Sans doute, elles ne peuvent, ni l'une ni l'autre, réaliser le rétablissement complet de certaines difformités tellement exagérées que la guérison totale n'est plus possible ; mais nous pouvons attester, par d'innombrables témoignages, qu'il y a toujours chez nous de merveilleux résultats d'amélioration.

Cette partie de votre livre est captivante par la force et la lucidité de vos raisonnements, et c'est avec un plaisir renouvelé qu'on lit les nombreuses lettres où se retrouve éparse la substance de vos démonstrations.

Je ne dirai rien de la *Première Partie*, où vous racontez « Le Missionnaire ». Comment ferais-je pour vous louer sans me louer moi-même ? Vous avez pris le sage parti, qui est de laisser parler les faits.

Etait-il nécessaire de répondre aux attaques de quelques praticiens mécontents ? Vous l'avez cru ; et vous avez répondu sans emprunter leur langage. Les gens de goût et bien élevés n'emploient pas le vocabulaire des harengères. Je me sens bien vengé par le bon ton et la modération de vos répliques.

Et maintenant ce m'est une douce satisfaction de voir mon nom en tête d'un bon livre et ma méthode en de bonnes mains.

Initiés par moi-même à mes spécialités, les docteurs de Canteleu-Lille appliquent ma méthode avec un succès croissant aux infirmes qui se pressent à notre grand Institut orthopédique ; et mon cher confrère, l'abbé Belet, curé d'Arbanats, avec l'assurance et la dextérité d'un maître en orthopédie, renouvelle en son presbytère les guérisons merveilleuses qui illustrèrent La Selle-en-Hermois.

La méthode Crud, grâce à votre livre, cher et vénéré confrère, et grâce à mes successeurs, n'est pas près de finir.

J'ose espérer qu'un jour viendra où, lasse de tomber d'erreurs en erreurs, impatientée du discrédit qui monte autour d'elle, saisie enfin par le charme toujours vainqueur de la vérité et du bien, la Faculté embrassera notre méthode pour Dieu et pour l'humanité.

Heureux de vous dire ma reconnaissance et mes plus chaleureux compliments pour votre beau travail, je mets cette lettre entre vos mains pour l'utiliser comme il vous plaira ;

Et je vous prie d'agréer, cher et vénéré confrère, l'assurance de mes affectueux sentiments.

PH. CRUD,
prêtre en retraite.

Sens-sur-Yonne, le 30 juillet 1914.

TABLE DES MATIÈRES

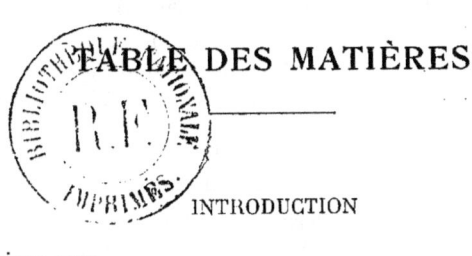

INTRODUCTION   Pages.

§ 1. *Cuique suum*.   1
§ 2. *La guérison des maladies réputées incurables*. . . .   2
§ 3. *Les orthopédistes diplômés contre M. Crud*.   4
§ 4. *Le mémoire du Dr Gilles, 1897*.   8
§ 5. *Le livre du Dr Calot, 1909*.   12
§ 6. *M. l'abbé Crud*. 16

PREMIÈRE PARTIE

LE MISSIONNAIRE

CHAPITRE PREMIER

La jeunesse du Missionnaire

*La vocation de M. Crud. — Le chirurgien Prévost. —
Déception du Missionnaire. — M. Crud au Canada*. . .   21 — 28

CHAPITRE DEUXIÈME

Les missions dans l'Illinois

*L'abbé Crud à Sainte-Anne. — L'apostat Chiniquy. —
Conversion de Mme Chiniquy, belle-sœur de l'apostat.
— Vengeance de Chiniquy. — Une évasion américaine*.   29 — 34

CHAPITRE TROISIÈME

Chicago et Bourbonnais

*Fondation de la paroisse française à Chicago. — Choix
imprévu de Bourbonnais. — Héroïque sacrifice* . . . .   35 — 39

TABLE DES MATIÈRES

CHAPITRE QUATRIÈME
Les missions dans le Wisconsin

Robinsonville. — Onze missions à fonder. — L'apparition de 1859. — L'apostolat d'Adèle Brice, la Voyante. — L'épreuve . . . . 40 — 46

CHAPITRE CINQUIÈME
Le pèlerinage de Bon-Secours

L'inauguration canonique du pèlerinage. — L'œuvre des premières communions. — Les Sœurs de Bon-Secours. — La mission des sauvages. . . . . 47 — 53

CHAPITRE SIXIÈME
M. l'abbé Crud à Greenbay

L'église française de Greenbay. — Mlle Zoé Allard. — Les désastres de 1871 dans le Wisconsin. . . . . 54 — 59

CHAPITRE SEPTIÈME
Retour dans les missions belges

Mort du premier évêque de Greenbay. Mgr Krautbauer, deuxième évêque de Greenbay. — Nouveau sacrifice : les églises incendiées . . . . 60 — 63

CHAPITRE HUITIÈME
La fin du Missionnaire

L'accident de 1880. — Repos forcé. — La Retraite. . . . 64 — 67

DEUXIÈME PARTIE
LE CURÉ GUÉRISSEUR

CHAPITRE PREMIER
M. Crud à Gémigny

Un accident et une vocation. — Résolution inefficace. . . 69 — 72

TABLE DES MATIÈRES VII

CHAPITRE DEUXIÈME

M. Crud à La Selle-en-Hermois

Guérisons retentissantes. — La luxation congénitale de la hanche. — La Selle-en-Hermois en 1893-1894. — Le syndicat médical du Loiret . . . . 73 — 80

CHAPITRE TROISIÈME

L'Institut orthopédique de Sens

Le choix. — La période triomphale de l'Institut de Sens. — Une visite à l'Institut orthopédique de Sens . . . . 81 — 90

CHAPITRE QUATRIÈME

Démêlés de M. Crud avec les docteurs

Difficultés intérieures. — Le docteur Colombe. — Le docteur Bénard. — Difficultés extérieures. — Procès . . . 91 — 98

CHAPITRE CINQUIÈME

L'Institut de Canteleu-lez-Lille

Départ de Sens et installation à Lille. — La retraite de M. l'abbé Crud. — Derniers efforts . . . . 99 — 105

CHAPITRE SIXIÈME

La fortune de M. l'abbé Crud

Origine et sources de cette fortune. — L'usage que M. Crud fait de sa fortune . . . . 106 — 110

TROISIÈME PARTIE

LA MÉTHODE DE M. L'ABBÉ CRUD

CHAPITRE PREMIER

La Méthode Crud exposée par le Dr Gilles

Les spécialités de M. Crud. — La guérison de la luxation congénitale de la hanche. — Silence du docteur sur la coxalgie. — Réserve galante sur le traitement de la scoliose. — Aveux du docteur . . . . 111 — 125

TABLE DES MATIÈRES

CHAPITRE DEUXIÈME
La Méthode Crud et la pratique du Dr Calot

Les consultations et les opérations à l'Institut de Sens. — La luxation congénitale de la hanche à l'Institut Pravaz, à Berck et à Sens. — L'opération et le traitement consécutif. — La coxalgie à Berck. — Le plâtre du Dr Calot et les bandages de M. Crud. — Les promesses du Dr Calot. . . . . 126 — 149

CHAPITRE TROISIÈME
Le secret de M. l'abbé Crud

Beaucoup de dévouement. — Assez de science et d'aptitudes. — Peu d'argent. — Ceux qui viennent au « rebouteur ». 150 — 159

QUATRIÈME PARTIE
LES SUCCESSEURS DE M. L'ABBÉ CRUD

CHAPITRE PREMIER
Le Dr Salmon, directeur de l'Institut de Lille

L'Institut de Canteleu-lez-Lille en 1902. — Les infiltrations étrangères. — « Auri sacra fames ». — La formation des praticiens diplômés. — Les appréhensions de M. l'abbé Crud. . . . . 161 — 172

CHAPITRE DEUXIÈME
M. l'abbé Jules Belet, curé d'Arbanats (Gironde)

L'orthopédiste. — Quelques guérisons. — L'homme du pays. . . . . 173 — 183

CHAPITRE TROISIÈME
La Méthode vengée

Le Dr Gilles après le procès de Sens. — Les diplômés et leurs malades. — Ce qu'ordonnent les praticiens diplômés. — Ce que fait M. Crud. . . . . 184 — 203

CHAPITRE QUATRIÈME

Le Triomphe de la méthode Crud

Ce que disent les malades. — Ce que disent les zélateurs de la méthode. — Ce que disent les docteurs intéressés. — Ce que disent les témoins désintéressés . . . . 204 — 228

CONCLUSION

L'aïeul. — Les petits-fils. — En correctionnelle. — En liberté . . . . 229 — 240

TABLE DES GRAVURES

Planche		
I.	— M. l'abbé Philibert Crud . . . . Frontispice	
II.	— A Sens. Groupe de malades	1
III.	— Bon-Secours. Les Religieuses	17
IV.	— Bon-Secours. Chapelle du Pèlerinage.	33
V.	— A Sens. Groupe de malades	49
VI.	— Institut de Sens. Résidence actuelle de M. Crud.	65
VII.	— Mlle Zoé Allard-Crud	81
VIII.	— Musée orthopédique de Canteleu-lez-Lille. . .	97
IX.	— Musée orthopédique de Canteleu-lez-Lille. . .	113
X.	— Musée orthopédique de Canteleu-lez-Lille. . .	129
XI.	— Institut orthopédique de Canteleu-lez-Lille. . .	145
XII.	— Institut de Lille. Façade principale.	161
XIII.	— M. l'abbé Jules Belet, curé d'Arbanats	177
XIV.	— Arbanats (Gironde). L'église	193
XV.	— Arbanats. Le Calvaire.	209
XVI.	— Arbanats. La Cadonne.	225

Le docteur Calot, chirurgien en chef de l'hôpital Rothschild, de l'hôpital Cazin, de l'hôpital de l'Oise et des départements, du Dispensaire, de l'Institut orthopédique de Berck, etc., écrivait, il y a trois ans, en 1909, dans son livre *L'orthopédie indispensable aux praticiens*, ce qui suit : « *Le traitement des affections orthopédiques est devenu accessible à tous les médecins.* **Révolution bienfaisante** *qui aura les plus heureuses conséquences pratiques ; car il est évident que les 9/10 de ces malades ne pourront jamais aller aux spécialistes.* »

Il envisage la bienfaisance de cette révolution au seul point de vue de l'intérêt des praticiens.

Nous avons cru qu'il convenait de penser aux malades et nous avons écrit ce livre.

Le lecteur y trouvera des renseignements que M. Calot ne pouvait donner sur l'origine de cette révolution bienfaisante, sur sa nature et ses effets ; il y trouvera surtout la pensée du créateur de la *Nouvelle orthopédie* et ses procédés, confirmés par la lettre dont il a honoré l'auteur de ce livre et que nous reproduisons intégralement.

A Sens. — Groupe de malades.

L'ABBÉ CRUD ET L'ORTHOPÉDIE

INTRODUCTION

§ 1. — Cuique suum.

A Gémigny, modeste paroisse du diocèse d'Orléans, un prêtre français s'installait, dans les derniers mois de 1882, en qualité de curé ; il se nommait l'abbé Crud.

Agé alors de cinquante-quatre ans, l'abbé Ph. Crud rentrait en France pour y rétablir sa santé gravement atteinte, se reposer de vingt années de travaux incessants dans les missions de l'Illinois et du Wisconsin, et, sous un climat plus doux, continuer le ministère des âmes.

Dans les forêts du Wisconsin les âmes n'avaient pas seules occupé le zèle apostolique du missionnaire. Médecin des corps, il employait à les guérir de telles aptitudes que personne ne songea, quand il se consacra plus tard au service des infirmes, à lui en faire un crime.

La vue de ces innombrables déformés que l'on rencontre partout le remuait de compassion et comme d'un remords, sachant qu'il pouvait les guérir s'ils lui étaient amenés. Orthopédiste dans les moelles, il oublie volontiers sa science réelle et profonde et ne veut être que « le curé guérisseur ».

Il avait reçu dans sa jeunesse, du chirurgien Prévost, son oncle, quelques notions élémentaires d'orthopédie ; tombées dans un terrain providentiellement préparé, ces bonnes semences portèrent leurs fruits en Amérique d'abord, puis en France et bientôt dans le monde entier.

La Selle-en-Hermois, Sens, Canteleu-Lille, témoins de la merveilleuse découverte du traitement des maladies réputées incurables, garderont, avec le souvenir des guérisons sans nombre qui suivirent la découverte, la mémoire bénie de l'admirable orthopédiste.

Mais elle a un revers, cette médaille.

Comme la mousse au chêne, l'envie s'attache au génie dont elle s'efforce de voiler la puissance, d'épuiser la sève, de hâter la mort. Vains efforts, il est vrai, mais triste spectacle. L'abbé Crud ne pouvait éviter cette épreuve ; nous verrons qu'elle fut la confirmation de sa géniale découverte.

§ 2. — La guérison des maladies réputées incurables.

Le docteur Calot est une personnalité haut cotée dans le monde médical et une autorité en orthopédie. Dans un livre publié en 1909 sous ce titre *L'orthopédie indispensable aux praticiens*, le docteur Calot écrit : « La luxation congénitale de la hanche restait la maladie incurable entre toutes, « l'opprobre de la chirurgie ». Les coxalgies et les maux de Pott suppurés se terminaient par la mort. Or, ces trois maladies, hier encore sans remède, nous savons les guérir à tous coups. »

Que s'est-il passé dans les quelques années qui ont précédé le livre du docteur ?

Un événement, absolument comparable à la découverte du remède de la rage par Pasteur, avait eu lieu à La Selle-en-Hermois en 1892. M. l'abbé Crud et sa sœur adoptive avaient découvert le remède de la luxation congénitale de la hanche et de la coxalgie.

En 1909, il y avait dix-sept ans que le traitement simple, bénin, facile à appliquer, existait ; il y avait dix-sept ans que s'était produit « le retentissement extraordinaire provoqué dans toute la France par les pratiques d'un empirique célèbre ».

En 1909, il y avait onze ou même quinze ans que le docteur Calot était venu à Sens, à l'Institut orthopédique de M. l'abbé Crud, où l'on appliquait aux maladies réputées incurables un traitement simple, bénin, efficace ; depuis douze ou quinze ans le docteur connaissait ce traitement appliqué par M. Crud ; il en avait constaté les résultats sur la foule des malades qui assiégeaient alors l'Institut de Sens.

Qui dira pourquoi le docteur Calot a cru devoir taire le nom de M. Crud en parlant des maladies, hier incurables, que l'on guérit aujourd'hui ?

Deux raisons donnent à ce silence un semblant d'explication. Le docteur Calot n'a pas découvert le remède de la luxation congénitale de la hanche et pas davantage celui de la coxalgie ; s'il s'abstient de préciser la date et de nommer l'auteur de la découverte, ce ne peut être que par le souci de n'avancer rien qui ne soit l'indéniable vérité. D'autre part, sachant que la découverte merveilleuse date de 1892 et que M. l'abbé Crud en est l'auteur, M. Calot sait aussi que l'auteur n'est pas diplômé et que la Faculté officielle n'a rien à revendiquer dans cette découverte. Par esprit de corps, le docteur se tait. Peut-être considère-t-il son silence comme un hommage à celui dont le nom est sur toutes les lèvres, et qu'il est désormais inutile de nommer quand il est question d'orthopédie.

Quoi qu'il en soit, deux camps se forment dans le monde médical en face de la découverte de M. l'abbé Crud, le camp qui se tait et le camp qui parle ; le premier est personnifié par le docteur Calot, l'autre par le docteur Gilles, de Marseille.

§ 3. — Les orthopédistes diplômés contre M. Crud.

Le corps médical ne cache pas une tendance marquée à diminuer le mérite et à faire disparaître la priorité acquis à M. l'abbé Crud par les opérations et moyens adjuvants qui constituent la nouveauté, l'originalité de sa méthode. Mais les uns, avec le docteur Calot, organisent, pour atteindre le but, la conjuration du silence ; tandis que les autres, à la suite du docteur Gilles, déprécient les succès, les procédés, la science même de M. l'abbé Crud. Ils appellent rebouteur et empirique l'homme dont la géniale découverte vient de créer pour une part et de restaurer dans son ensemble l'orthopédie, jusqu'à lui et depuis encore traitée par l'ignorance de la Faculté officielle en quantité négligeable. Et s'il y a lieu de s'étonner que tant de malheureux boiteux, bossus, déformés de toutes sortes soient abandonnés comme incurables par la médecine diplômée, on ne peut qu'estimer juste ce sévère jugement de l'opinion publique : « Les médecins n'y entendent rien. »

N'y a-t-il que le peuple pour juger ainsi ?
Nous allons voir, par les révélations des docteurs Gilles et Calot, quelle est aujourd'hui la valeur scientifique et technique du corps médical en orthopédie.
Nous citons textuellement l'Avertissement que le docteur Calot a mis en tête de son livre *L'orthopédie indispensable aux praticiens* :

« Presque chaque jour les praticiens sont consultés pour une coxalgie, un mal de Pott, une tumeur blanche, une luxation congénitale de la hanche, une scoliose, une manifestation rachitique, en un mot pour une déviation congénitale ou acquise.

« Mais, le traitement leur étant trop peu connu, ils n'osent pas l'aborder, ou ne savent pas le conduire à bien.

« Pourquoi les médecins, qui soignent couramment les fractures et les luxations traumatiques, n'osent-ils pas ou ne savent-ils pas soigner les affections orthopédiques, qui ne sont cependant pas, d'une manière générale, plus difficiles à corriger et à maintenir ?

« C'est parce qu'on ne le leur a pas appris.

« Il est vrai qu'il y a quinze ou vingt ans, *et même seulement dix ans*, on ne pouvait guère le leur apprendre, car le traitement de bon nombre de ces affections était alors trop incertain, ou trop complexe, ou même complètement nul. »

Chirurgien en chef de l'hôpital Rothschild, de l'hôpital Cazin, de l'hôpital de l'Oise et des départements, du Dispensaire, de l'Institut orthopédique de Berck, etc., le docteur Calot est bien placé et qualifié pour juger le corps dont il fait partie et l'enseignement qu'on y donne.

C'est lui qui affirme, en 1909, que les médecins n'osent pas, ou ne savent pas soigner les affections orthopédiques parce qu'on ne le leur a pas appris, et qu'on ne pouvait guère le leur apprendre, il y a seulement dix ans, le traitement étant alors ou trop incertain, ou trop complexe, ou même complètement nul.

Un mémoire du docteur Maximin Gilles relate une visite, que fit le docteur, à l'Institut de M. l'abbé Crud à Sens. Ce mémoire, communiqué à la Commission scientifique du Comité médical des Bouches-du-Rhône, le 16 avril 1897, fut publié le 30 avril de la même année. Il y est dit, page 11 :

« Nous devons renoncer aux traditions surannées de maîtres

trop écoutés qui ont persuadé à leurs contemporains que c'est par l'immobilisation que l'on obtient la solidité des articulations et des néarthroses ; c'est une erreur absolue, démentie par l'expérience ; » et ailleurs, page 19 :

« La chirurgie articulaire n'est pas au bout de ses progrès et l'application des principes dont nous poursuivons la propagation a fait trop peu d'adeptes ou des adeptes trop timides ; si par routine ou insuffisance technique nous nous laissons distancer par des empiriques, sachons au moins voir leurs résultats et en profiter. »

Douze ans avant le docteur Calot, le docteur Gilles condamnait, dans des termes exempts de ménagements et de douceur, les traditions surannées de maîtres trop écoutés, les erreurs de leur enseignement, la routine et l'insuffisance technique des praticiens formés par cet enseignement officiel, et donnait à tous, maîtres et disciples, cet énergique conseil : « Si nous nous laissons distancer par des empiriques, sachons au moins voir leurs résultats et en profiter. »

La Faculté de médecine officielle était nulle en orthopédie quand le docteur Gilles écrivait son mémoire, avril 1897 ; elle était nulle encore en 1909, quand parut le livre du docteur Calot. Il en sera de même longtemps encore. On cite en effet tel maître en renom qui, reconnaissant qu'il enseignait en orthopédie, depuis trente ans, une erreur absolue, ajoutait : « Il est trop tard, je ne peux plus changer mon enseignement. »

Combien de professeurs, dans le même cas, continueront d'enseigner leurs erreurs ?

Si les affirmations des docteurs Gilles et Calot, que nous venons de rappeler, sont fondées, c'est-à-dire s'il est vrai que la Faculté de Médecine officielle est hostile à la méthode de M. Crud qui traite et guérit les affections orthopédiques réputées incurables, qu'elle reste enlisée dans ses traditions surannées; qu'elle forme les futurs médecins à des pratiques orthopédiques trop incertaines, ou trop complexes, ou même complètement nulles; il ne faut pas s'étonner que les manifestations de La Selle-en-Hermois autour du presbytère de M. Crud, celles de Sens autour de l'Institut orthopédique, celles de Canteleu-Lille où la méthode de M. Crud se perpétue, toutes manifestations bien faites pour fixer l'attention d'orthopédistes vigilants, aient laissé indifférente ou hostile la routinière Faculté.

Nous devons ajouter qu'en mettant la Médecine officielle en face de la découverte médicale la plus précieuse du siècle, avec celle de Pasteur, M. Crud infligeait à l'orgueilleuse Faculté l'humiliante condamnation des pratiques et de l'enseignement orthopédiques qu'elle recommande et qu'elle donne. Il ne pouvait attendre d'elle que l'hostilité dont elle l'honore et le dédaigneux refus qui repoussa ses avances.

M. l'abbé Crud, il est vrai, n'a que la « Licence » américaine. Il ne possède pas le diplôme qui permet aux praticiens français d'ignorer le traitement des maladies qu'ils ont à soigner, comme il permet aux professeurs d'ignorer l'enseignement qu'ils ont à donner. Avec la « Licence » américaine, M. Crud avait toute liberté de soigner et guérir les infirmes qui en Amérique recouraient à son habileté et à sa science. En France, il faut le diplôme, qui n'est ni la science infuse ni la science acquise, pour avoir le droit de guérir les malades quand on sait son métier, ou de les occire impunément quand on ne le sait pas.

Nous savons, par le témoignage de ses adeptes les plus dévoués, ce qu'est la Faculté de médecine officielle et sa valeur en orthopédie; nous savons donc ce qu'est aujourd'hui le corps médical et sa valeur en orthopédie, après sa formation par l'Alma Mater médicale; il nous suffira d'écouter le groupe qui parle pour saisir sa mentalité, et d'observer le silence du groupe qui se tait pour pénétrer jusqu'à ses intimes et secrètes pensées. Le Mémoire du docteur Gilles et l'Orthopédie indispensable du docteur Calot nous révèleront l'état d'âme du corps médical tout entier.

§ 4. — Le Mémoire du docteur Gilles, 1897.

« Le retentissement extraordinaire provoqué dans toute la France par les pratiques d'un empirique célèbre et un intérêt particulier pressant nous ont décidé à faire ressortir par une enquête personnelle la réalité des résultats annoncés ; nous avons recherché les éléments de cette méthode, la théorie qui guide la main de l'opérateur, enfin la base réellement scientifique des succès obtenus, en la généralisant autant que le permettent l'état de la science et notre connaissance des nouveaux procédés non sanglants de la chirurgie articulaire.

« Si les résultats de l'enquête sont favorables à la méthode, s'il en ressort un nouveau et fécond moyen d'action pour la chirurgie articulaire, on doit reconnaître que le devoir impérieux d'étudier à fond l'Institut de Sens s'impose aux représentants autorisés de cette branche de notre art.

« Le massage a été introduit en thérapeutique à la suite de recherches de ce genre ; l'application des procédés de Sens est fondée sur les mêmes vues aujourd'hui indiscutées, mais on ne saurait sans injustice refuser à l'abbé Crud le mérite et la priorité d'opérations et de moyens adjuvants simples en apparence et faciles à tourner en ridicule, mais destinés à devenir de précieux auxiliaires en thérapeutique.

« Nous ne donnons pas ce mémoire pour une revue complète de la question ; par la force des choses notre enquête personnelle, menée très rapidement, a manqué d'ampleur. » (Mémoire, p. 1 et 2.)

M. Gilles a certainement mesuré la portée de cette dernière phrase ; c'est de propos délibéré qu'il a ruiné, en l'écrivant, ses affirmations les plus graves et les plus précises, et qu'il réduit son *Mémoire* à n'être plus qu'une étude fantaisiste de notions incomplètes et de faits sans contrôle. Que peut, en effet, donner une enquête personnelle, rapide et sans ampleur ? Que sait-il, après une semblable enquête, des éléments de la méthode, de la théorie que suit l'opérateur, de la base scientifique des succès obtenus ? Comment pourra-t-il comparer avec les procédés anciens les pratiques nouvelles qu'il n'a fait qu'entrevoir ? Sa clientèle et ses confrères lui demandent ce que l'on peut admettre et juger dans la méthode de M. Crud, c'est-à-dire une appréciation raisonnée, après étude consciencieuse, de la méthode entière ; et le docteur leur apporte une enquête personnelle, très rapide et sans ampleur.

Quel est son but ? Veut-il seulement répondre dans le plus bref délai possible au vœu de sa clientèle et de ses confrères ? Ce serait un singulier moyen de les satisfaire, cette enquête rapide et sans ampleur ; et ce seraient d'étranges renseignements qui résulteraient de cette enquête.

Le docteur Gilles a voulu parler, croyant sans doute qu'il pourrait, en qualité de Marseillais, se mettre à l'aise avec la vérité ; la vérité s'est jouée de lui.

Un aveu éclate et domine dans la page du Mémoire que nous venons de citer. Il importe de le souligner :

« **On ne saurait sans injustice refuser à l'abbé Crud le mérite et la priorité d'opérations et de moyens adjuvants.** »

Quels sont ces opérations et moyens adjuvants, découverts par l'abbé Crud, que la loyauté du docteur défend de contester ?

Les voici à la page 20 du Mémoire :

« Si nous rapprochons tous les éléments d'enquête que nous avons pu réunir en dehors de l'Institut **sur la luxation congénitale de la hanche,** *seule* **spécialisation vraiment nouvelle,** nous devons conclure que *les résultats positifs de quelque durée, pour être nouveaux et brillants, ne forment que la minorité des cas traités.* »

L'aveu est net et précis ; il s'agit de la luxation congénitale de la hanche, seule spécialisation vraiment nouvelle ; il s'agit de la maladie incurable entre toutes, d'après le docteur Calot, qui la guérit à tous coups *en 1909*, et que le docteur Gilles, *en 1897*, **douze ans avant le docteur Calot,** avait vu guérir d'une manière nouvelle et brillante par M. Crud, « le rebouteur de Sens ». *Il s'agit de la merveilleuse découverte qui, en 1892, dans le presbytère de La Selle-en-Hermois, transforma et créa pour une part l'orthopédie nouvelle.*

Il faut venir à la dernière page du Mémoire Gilles pour trouver, au milieu d'atténuations, de réticences calculées et de sous-entendus, ces deux mots qui devraient remplir le Mémoire tout entier : **La luxation congénitale de la hanche, spécialisation vraiment nouvelle, est guérie à Sens.**

Quel est donc le but du Mémoire ?

Sa clientèle et ses confrères demandaient au docteur Gilles ce qu'il fallait penser des guérisons de la luxation congénitale de la hanche et de la coxalgie, des maladies réputées incurables. La réponse ne devait être que la constatation d'un fait. Le fait était indéniable et répandu dans toute la France par un retentissement extraordinaire : *Il n'y avait plus de maladies incurables.* A Sens, où M. Crud avait fondé son Institut orthopédique, le docteur Gilles était au centre des renseignements précis sur la méthode, les clients et les résultats obtenus. Pourquoi M. Gilles s'éloigna-t-il de Sens pour mener au hasard une enquête que la multitude des cas traités avec plein succès en 1894, 1895, 1896 et 1897 rendait inutile, presque ridicule? Qui pourrait le dire, si M. Gilles n'avait pris soin de l'avouer?

Le docteur voulait constater que M. Crud n'était pas diplômé, qu'il ne méritait pas le titre d'orthopédiste et qu'il devait se contenter du nom de rebouteur, d'empirique, trop heureux qu'on ne lui donnât pas celui de charlatan; il voulait établir, dans un mémoire très littéraire et scientifique, que la science n'a rien à voir dans les pratiques de M. Crud; il voulait surtout exprimer le vif regret qu'il ne se soit pas rencontré, parmi la foule des savants que compte le corps diplômé, un homme assez savant et intelligent pour découvrir le remède de la luxation congénitale de la hanche, « cet opprobre de la chirurgie ».

Et voilà, en trois mots, tout le Mémoire du docteur Gilles ! Mais, comme il ne pouvait le finir sans dire un mot de l'admirable découverte, le naïf docteur, oubliant avec quelle application il l'a écartée ou dépréciée, avec quel soin il en a diminué l'auteur, est entraîné par sa loyauté même à détruire, par quelques mots de vérité et de bon sens, tout ce qu'il vient d'accumuler d'insinuations malveillantes, d'appréciations osées et de faits controuvés; car il termine ainsi: « La méthode de l'abbé Crud, ayant, à notre avis, fait ses preuves dans un nombre de cas suffisant, mérite d'être étudiée; nous sommes convaincu qu'un pareil traitement, scientifiquement réglé (?), donnerait des résultats plus sûrs, sinon aussi brillants. »

Ainsi parlent tous ceux qui, dans le corps médical, se croient obligés de parler. Il faut souhaiter pour le bon renom de la corporation, pour les droits de la vérité et pour la juste rémunération du génie, qu'ils parlent tous.

Combien sont plus redoutables et plus odieux ceux qui se

croient autorisés à combattre le mérite par la conspiration du silence!

§ 5. — **Le livre du docteur Calot.**

Avec le docteur Calot nous poursuivons le même but par un autre chemin. Il s'agit toujours d'éliminer ce gêneur qui n'a pas demandé à la Faculté la permission de guérir les malades qu'elle ne savait pas et qu'elle ne sait pas encore guérir.

En tête de son livre *L'Orthopédie indispensable*, le docteur Calot adresse aux praticiens un avertissement où nous lisons :

« La luxation congénitale de la hanche restait la maladie incurable entre toutes, « l'opprobre de la chirurgie ». Les coxalgies et les maux de Pott suppurés se terminaient par la mort. — Or, ces trois maladies, hier encore sans remède, nous savons les guérir à tous coups. Et pour toutes les déviations le traitement a fait de tels progrès qu'on pourrait soutenir sans grande exagération que ces affections, les plus ingrates à soigner il y a douze à quinze ans à peine, sont celles qui nous donnent aujourd'hui les guérisons les plus nombreuses et les plus belles.

« Et non seulement nous savons les guérir, mais nous savons les guérir par des procédés simples, bénins, faciles à appliquer.

« Leur traitement ne comporte plus d'opérations considérables et sanglantes, et pas davantage de « mécaniques » onéreuses et compliquées.

« Pour la luxation congénitale et les autres déviations la correction s'obtient par de simples manœuvres orthopédiques et se conserve jusqu'à la guérison par un bon plâtre. N'est-ce pas ce que vous faites déjà pour vos fractures et vos luxations traumatiques ?

« Ainsi donc le traitement des affections orthopédiques est devenu accessible à tous les médecins. Révolution bienfaisante qui aura les plus heureuses conséquences pratiques ; car il est évident que, pour mille raisons bonnes ou mauvaises, les 9/10 de ces malades ne pourront aller aux spécialistes. »

L'importance de ces déclarations apparaît dès qu'on se rappelle la parole de M. Calot citée plus haut : « Il y a quinze ou vingt ans, et même seulement dix ans, le traitement de bon nombre de ces affections était trop incertain, ou trop complexe, ou même complètement nul. »

Aujourd'hui les coxalgies et les maux de Pott suppurés se guérissent par des ponctions ; la luxation congénitale et les autres déviations se corrigent par de simples manœuvres orthopédiques. Ni opération sanglante, ni « mécaniques » onéreuses et compliquées.

Le docteur Calot a visité l'Institut de M. Crud, à Sens. Le docteur Gilles y a fait une visite et une enquête.

Les visiteurs sont allés à Sens entre 1895 et 1898. L'un a parlé de sa visite sans en profiter ; l'autre n'en a pas parlé, mais il en profite.

« Les maladies, hier encore sans remède, sont celles qui nous donnent aujourd'hui les guérisons les plus nombreuses et les plus belles. »

Pour le docteur Calot, aujourd'hui c'est 1909, et hier c'était 1899.

Et pendant que les docteurs visitaient l'Institut de Sens, en 1895-1898, la Médecine officielle continuait ses traditions surannées et les praticiens appliquaient aux maladies incurables des traitements incertains, ou trop complexes, ou complètement nuls.

Mais à l'Institut de Sens le docteur Calot avait vu les opérations et moyens adjuvants nouveaux et il se hâtait d'en profiter, car les résultats ne laissaient planer aucun doute sur leur efficacité. Et dix ans après il écrit : « Les maladies dites incurables, nous savons les guérir par des procédés simples, bénins, faciles à appliquer. Le traitement des affections orthopédiques est devenu accessible à tous les médecins. » Le docteur avait vu, à l'Institut de Sens, la multitude des instruments de torture dont se sert l'orthopédie surannée de la Faculté officielle; il n'avait vu nulle part dans l'Institut les « mécaniques » onéreuses et compliquées, ni trace d'opérations sanglantes; il comprit que les instruments de torture étaient là en ex-voto, définitivement abolis par M. Crud; ce lui fut un trait de lumière dont il va profiter : « Le traitement, écrit-il en 1909, ne comporte plus d'opérations considérables et sanglantes et pas davantage de « mécaniques » onéreuses et compliquées. »

C'est une orthopédie nouvelle. D'où vient-elle ? Qui en est l'auteur ? Après dix-sept ans d'existence vient-elle donc de commencer d'être en 1909 ? Le docteur Calot aurait-il la prétention de nous imposer cette audacieuse nouveauté ?

En 1904, il avait publié *Technique du traitement de la coxalgie*;

En 1905, il donne *Technique de la luxation congénitale de la hanche*; puis *Traitement du mal de Pott et des maladies que l'on soigne à Berck*;

En 1909, il réunit tout en un seul livre : *L'orthopédie indispensable aux praticiens*.

Or en 1904 il y avait *douze ans* que le traitement simple, bénin, facile, de la coxalgie était connu.

En 1905 il y avait *treize ans* que la luxation congénitale de la hanche était traitée et guérie.

En 1909 M. Crud appliquait sa méthode, *depuis dix-sept ans*,

1° aux luxations de la hanche,

INTRODUCTION 15

2° à la paralysie infantile,
3° aux pieds-bots,
4° aux ankyloses,
5° à la scoliose et autres déviations vertébrales
« et à quelques autres affections qui, dit le docteur Gilles, rentrent dans les catégories que nous venons de faire ».

La coxalgie n'est pas nommée dans cette nomenclature, parce que, sans doute, partageant en cela la pensée de M. Crud, le docteur Gilles ne voit dans la coxalgie que la luxation de la hanche à sa période inflammatoire.

Le docteur Calot savait que toutes ces maladies étaient traitées à Sens avant 1898 et qu'elles le sont depuis 1898 à Canteleu-Lille par la méthode de M. Crud. Il savait que cette méthode datait de 1892 ; qu'elle supprimait les opérations sanglantes, les « mécaniques » onéreuses et compliquées ; qu'elle employait des procédés simples, bénins, faciles à appliquer. Il connaissait les procédés de Sens pour les avoir étudiés sur place, et il allait à Sens parce que M. Crud y résidait, dirigeant les opérations nouvelles qui agitaient le monde médical dans toute la France ; de M. Crud il connaissait, les ayant appris entre 1895 et 1898, la théorie, la technique opératoire et les traitements consécutifs destinés à garantir les opérations contre les insuccès et les récidives. N'est-il pas étrange que le docteur Calot n'ait pas trouvé, dans un livre de sept cents pages, assez de place pour y écrire les quatre lettres du nom de M. Crud ? J'entends bien que ce nom apparaît sur toutes les pages du livre ; mais j'entends aussi que, à l'écrire, la loyauté du docteur n'avait rien à perdre.

La conspiration du silence vient trop tard. Trop de voix se sont élevées qui ont sacré immortel le nom de M. Crud, restaurateur et pour une large part créateur de l'orthopédie. Trop d'infirmes ont retrouvé par lui « la douceur de vivre » et gardent dans le cœur le nom de ce bienfaiteur de l'humanité.

Qu'elle parle ou qu'elle se taise, l'opposition ouverte ou sournoise restera impuissante contre celui qu'elle nomme « l'empirique » et qui se nomme lui-même « le rebouteur »; la défiant ainsi de donner à l'humanité — elle, la savante et officielle orthopédiste — un équivalent du bienfait que lui, « le rebouteur », lui a donné.

Voulût-elle, par d'habiles contrefaçons, usurper la meilleure partie de la méthode Crud pour la signer plus tard du nom d'un plagiaire, même alors *la conspiration du silence* apparaîtrait à peine plus odieuse que le portrait imaginé par *les opposants qui parlent* pour déprécier M. l'abbé Crud. Nous trouvons ce portrait à la page 4 du Mémoire Gilles.

§ 6. — M. l'abbé Crud.

« M. Crud, dit le Mémoire, est un homme vigoureux de soixante ans passés, communicatif, simple et d'abord facile; il possède l'assurance et l'autorité qui enchaînent le moral des patients et celui de leur entourage; ses affirmations ont un caractère d'absolutisme qui réussit auprès de la masse de ses malades découragés par des traitements longs, douloureux et inutiles. Je ne puis en donner un meilleur exemple qu'en citant une de ses lettres de date récente. »

Voici la lettre :

« Madame, inutile de venir en consultation préalable pour le cas de vos enfants.

« Nous sommes sûrs de les guérir s'il s'agit de luxation de la hanche, et cela sans douleur et surtout sans danger.

« Mais il leur faudra suivre un traitement de deux semaines à notre Institut orthopédique.

« Je vous envoie les conditions, etc. »

Ce n'est pas par inadvertance que l'auteur a écrit cette

Bon-Secours. — Les Religieuses.

phrase : « M. Crud possède l'assurance et l'autorité qui enchaînent le moral des patients et celui de leur entourage. » Cela veut dire que M. Crud pratique la suggestion, ou cela ne dit rien. La suggestion eut, pendant un moment, les honneurs de la vogue dans le monde médical officiel. La science, qu'il ne faut pas confondre avec le charlatanisme, avait trouvé ce moyen de faire du malade son propre médecin. Que n'a-t-elle réussi ! Ce moyen était trop facile à tourner en ridicule ; le ridicule l'a tué. M. Crud suggestionniste ! pour expliquer la multitude des malades qu'il renvoyait guéris. La plaisanterie n'est-elle pas un peu forte ?

La phrase suivante est ou odieuse ou mal écrite. Elle comporte deux interprétations. « Les affirmations de M. Crud ont un caractère d'absolutisme qui réussit auprès de ses malades découragés par des traitements longs, douloureux et inutiles. »

La phrase est équivoque. De quels malades parle le docteur Gilles ? Il y a, en effet, les malades qui sortent des mains de praticiens malhabiles, après des traitements longs, douloureux et inutiles, et qui viennent demander à M. Crud de les guérir ; et il y a les malades qui n'ont vu que M. Crud.

Le docteur a-t-il voulu dire qu'après des traitements longs, douloureux et inutiles infligés par M. Crud à ses malades, le rebouteur, par l'absolutisme de ses affirmations, réussissait à les persuader de leur guérison ? Ce serait la suggestion affirmée de nouveau par un homme que le ridicule ne décourage pas et qui admet les pires extravagances de la suggestion, c'est-à-dire les boiteux, les bossus, les pieds-bots guéris par persuasion !

L'enquête de M. Gilles, rapide et sommaire, l'a mis en présence de faits indiscutables qui sans doute sont nombreux, car il lui paraît bon d'en atténuer l'importance.

Nous lisons dans le Mémoire (p. 15) : «...Certains faits indiscutables n'en restent pas moins acquis : des adolescents, soignés par nos meilleurs chirurgiens et qui n'étaient sûrement pas en état de guérir spontanément, ont bénéficié (chez M. Crud) d'une guérison au moins apparente pendant un temps assez long pour être admis comme base thérapeutique certaine. »

Avec quel soin le docteur note tout ce qui peut faire planer un doute sur le caractère définitif de la guérison ! Pourquoi ces précautions ? Pour laisser dans l'esprit du lecteur un doute favorable à la *suggestion* qu'il a choisie comme moyen suprême d'atteindre le prestige du génial « rebouteur ».

Tout lui est bon d'ailleurs pour diminuer l'importance de la Méthode et le mérite de l'auteur, même ces quelques mots de M. Crud, dans la lettre citée : « Inutile de venir en consultation préalable pour le cas de vos enfants. Nous sommes sûrs de les guérir s'il s'agit de luxation de la hanche, et cela sans douleur et surtout sans danger. »

« Nous n'avons jamais pensé, dit le docteur avec un souverain dédain, que le rebouteur de Sens guérit en réalité *tous* les malades auxquels il promet formellement la guérison ; on ne saurait tenir de pareilles promesses. »

N'est-ce pas le Dr Calot qui a écrit : « Ces trois maladies, hier encore sans remède, nous savons les guérir *à tous coups...* Non seulement nous savons les guérir, mais nous savons les guérir par des procédés simples, bénins, faciles à appliquer. »

Que pense le Dr Gilles des promesses du docteur Calot ?

M. Crud n'est ni le suggestionniste, ni le charlatan que le mémoire Gilles a tenté de peindre, deux traits à effacer dans le portrait de « l'empirique célèbre ». Il ne reste que « le vigoureux vieillard, communicatif, simple et d'abord facile »; c'est à peine une silhouette, un profil, ce n'est pas même un visage que nous montre le docteur Gilles.

Donner à M. l'abbé Crud sa physionomie authentique en racontant « le Missionnaire » et « le Curé guérisseur »; lui restituer le mérite et la priorité de la découverte merveilleuse que l'envie s'applique à lui ravir ; perpétuer le souvenir de l'œuvre capitale qui transforma l'orthopédie et rend tous les jours à la vie normale tant d'infirmes jusqu'à présent délaissés, tel est le but de ce livre.

S'il en résulte un concours plus nombreux de malades vers les « guérisseurs » que M. Crud a fait les héritiers de sa méthode et de son esprit de charité, nous ne pourrons qu'en être grandement réjoui et nous nous estimerons récompensé du labeur que ce livre vient d'imposer à nos vieux jours.

Qu'il daigne en agréer l'hommage, celui qui est l'âme de notre livre, dont l'intelligent et robuste courage a lutté victorieusement contre les pratiques routinières de la Faculté et les a abolies, et qui tient tête encore aux sourdes intrigues et aux petites lâchetés d'une science humiliée ; celui dont la vie entière fut consacrée aux déshérités de ce monde et restera un immortel témoignage de foi active et de sacrifice désintéressé ; celui à qui il ne déplaît pas, même aujourd'hui dans le cours et sous le poids de sa quatre-vingt-quatrième année, d'augmenter le nombre des infirmes qu'il a guéris.

Missionnaire, nous le suivrons dans l'Amérique du Nord où il donnera vingt ans de sa noble vie au Canada, à l'Illinois et au Wisconsin, relevant les églises en ruine et édifiant des églises neuves dans les paroisses nouvelles.

Nous le suivrons, à son retour en France, « curé guérisseur », illustrant La Selle-en-Hermois, enrichissant par sa géniale découverte Sens et Lille, et, chargé d'ans et de travaux, prenant à Sens une retraite bien gagnée.

Au portrait de M. Crud par le docteur Gilles nous substituerons celui que M. Crud a lui-même tracé par sa longue et grande vie et qu'exprima en quelques traits heureux le *Gaulois* du 22 janvier 1895 :

« Il y a des prodigues de cœur et de charité, comme il y en a de leur argent, qui sont incorrigibles. L'abbé Crud et sa sœur sont du nombre. »

L'ABBÉ CRUD ET L'ORTHOPÉDIE

PREMIÈRE PARTIE

LE MISSIONNAIRE

CHAPITRE PREMIER

LA JEUNESSE DU MISSIONNAIRE

La vocation de M. Crud.
Le chirurgien Prévost. — Déception du Missionnaire.
M. Crud au Canada.

La vocation de M. Crud.

Philibert Crud naquit, le 15 octobre 1828, à Saint-Etienne-sur-Chalaronne, dans le département de l'Ain.

Il fit ses études au petit séminaire de Meximieux, illustré par le passage du bienheureux P. Chanel, par le R. P. Collin, fondateur de la Société de Marie, et par Mgr Ireland.

Le jeune Crud manifestait dès lors un vif désir de se consacrer aux missions étrangères. Ce fut pour répondre à cette vocation qu'il entra chez les Pères Maristes de Belley, où il fit ses études théologiques et son noviciat.

Ordonné prêtre en 1854, il attendit, dans la Société de Marie, et pendant près de sept ans, l'occasion de passer dans l'Océanie, sa terre d'élection : ces peuplades encore sauvages, ces embryons de peuples, agglomérations d'individus où commençaient à peine à percer des velléités d'ordre et de discipline, ces déshérités de la nature l'attiraient quand, il y a soixante ans, M. Crud entra chez les Maristes, chargés alors des missions de l'Océanie.

Les occasions de ce lointain voyage étaient rares. Le dévoué et généreux capitaine Marceau, à peu près seul, mettait son navire à la disposition des Maristes.

Les quatre premières années chez les Maristes furent consacrées à l'enseignement, au petit séminaire de Digne et au grand collège de La Seyne-sur-Mer.

Des aptitudes remarquables avaient fait choisir M. Crud comme professeur de gymnastique. Dans ces exercices quelquefois dangereux, il tomba un jour sur le poignet gauche, qui fut gravement luxé. Le docteur le plus renommé de la ville traita la blessure ; mais, au lieu d'une luxation du poignet, il crut voir une fracture du bras, qu'il banda et immobilisa. Cinq semaines d'immobilisation, déclara-t-il, seraient nécessaires, avec un temps indéterminé pour la consolidation. L'abbé Crud possédait quelques notions d'orthopédie qu'il avait reçues, à Thoissey, chez le chirurgien Prévost, son oncle. Il reconnut l'erreur commise par le docteur ; par excès de délicatesse, il s'abstint de toute observation. La nuit suivante, les souffrances causées par les bandages et les appareils du docteur furent telles que dès le matin il sollicita l'autorisation de se rendre à Thoissey, auprès de son oncle.

Le chirurgien Prévost.

A la vue de l'appareil appliqué sur le poignet de son neveu, le vieux praticien, qui, de ses campagnes militaires, avait gardé la brusquerie et les fortes expressions, s'écria : « Quel est donc l'âne bâté qui t'a arrangé le poignet? » Il rétablit le poignet luxé et une semaine suffit pour tout consolider. Quand, après huit jours d'absence, l'abbé souriant et guéri rentra au collège, la stupéfaction fut générale. Tous, professeurs et élèves, avaient pris à la lettre la sentence du docteur : cinq semaines d'immobilisation et un temps de consolidation. La réputation du docteur provençal en fut quelque peu atteinte ; celle de l'oncle Prévost, bien assise déjà dans la région, n'y perdit rien.

L'abbé Crud passait chez cet oncle une grande partie de ses vacances scolaires. Il fut initié par l'habile chirurgien au traitement des membres luxés ou brisés, des déviations vertébrales et autres déformations. La coxalgie et la luxation congénitale de la hanche étaient encore considérées comme incurables.

Le praticien avait perdu ses deux fils en bas âge et il rêvait de se donner un successeur dans son neveu. Mais l'abbé Crud portait plus haut ses vues : ses préoccupations allaient toutes au redressement et à la guérison des âmes. Toutefois cette première initiation, nous le verrons plus tard, lui fut singulièrement précieuse.

Déception du Missionnaire

Les années s'écoulaient sans amener l'occasion impatiemment attendue de gagner l'Océanie. En 1858, Mgr Bataillon, évêque de l'Océanie, vint en Europe y rétablir sa santé. L'abbé Crud s'empressa de lui communiquer son désir et il fut convenu qu'ils partiraient ensemble.

De Lyon l'évêque écrivit à La Seyne-sur-Mer, où était l'abbé Crud, que le départ de Bordeaux était fixé au 9 août 1858. M. Crud acheva de préparer ses malles, revint dans l'Ain, fit ses adieux à ses parents, reçut la bénédiction du saint curé d'Ars et arriva à Bordeaux au jour fixé, à neuf heures du matin. Deux heures trop tard : le navire avait levé l'ancre à Pauillac, à sept heures.

L'abbé Crud ne revint pas à La Seyne-sur-Mer. Il fut envoyé en mission dans différentes parties de la France : à Notre-Dame de Bon-Encontre, près d'Agen, et dans une dizaine de paroisses qu'il évangélisa ; il vint ensuite à Saint-Pol et à Valenciennes prêcher des retraites. Au mois de juin 1861, il fut envoyé à Saint-Brieuc.

Son ardent désir de l'Océanie ne l'avait pas abandonné quand il apprit la mort du dévoué capitaine Marceau, dont le navire l'*Arche-d'Alliance* transportait dans ces lointains voyages les missionnaires maristes. Désespérant de réaliser ses projets de mission en Océanie, M. Crud demanda à son supérieur général, le R. P. Fabre, l'autorisation de partir pour le Canada et, au besoin, d'être relevé de son obédience dans la Société de Marie. Dans le cours de la même année, au mois de septembre, il reçut du R. P. Général l'autorisation demandée et des lettres dimissoriales très flatteuses le relevant de son vœu.

M. Crud au Canada

Le 17 octobre, il s'embarqua à Liverpool, et aborda à Québec le 1er novembre.

Immédiatement accueilli par l'archevêque, M. Crud fut chargé de prêcher des retraites dans les paroisses qui bordent le Saint-Laurent. Il séjourna dans ces ravissantes campagnes le temps nécessaire pour apprendre la langue anglaise, qu'il apprit sans interrompre le cours de ses prédications aux Canadiens français. De ce rapide séjour M. Crud garde encore le vivant souvenir. Cette population, avec ses traditions françaises et sa langue française si pure, l'avait conquis.

L'archevêque de Québec offrit à M. Crud, après ses prédications sur les bords du Saint-Laurent, une belle paroisse près du grand fleuve. M. Crud répondit : « Je suis venu en Amérique pour me livrer aux travaux de missions. Les fonctions curiales dans une paroisse iraient à l'encontre des aspirations de toute ma vie. »

Le 2 novembre 1862, M. Crud fut choisi pour le poste de Sainte-Anne, mission canadienne de l'Illinois, que les plus graves difficultés rendaient en ce moment justement redoutable. Une grande colonie de Canadiens s'était établie depuis quelques années dans l'Illinois (Etats-Unis) où elle s'était divisée en un certain nombre de paroisses : Sainte-Marie, Sainte-Anne, l'Erable, les Petites Iles, Kankakee, Bourbonnais formaient un groupe admirable de foi et de vie religieuse dont Bourbonnais était la perle, la merveille. En 1862, quand M. Crud y fut nommé, ces paroisses, devenues des foyers de schisme et d'hérésie, commençaient à peine à reprendre la vie chrétienne. Mais il faut revenir à quelques années en arrière pour comprendre ce que le missionnaire eut de travaux et d'épreuves à subir avant d'arriver au but, qui était d'y rétablir la foi catholique.

Le Canada fut, vers 1855, désolé par le fléau de l'ivrognerie. Une croisade s'organisa, et le P. Chiniquy, du diocèse de Québec, qui des premiers ouvrit la campagne, la mena avec un talent et des succès extraordinaires. Les évêques voisins recherchèrent à l'envi le puissant orateur, Montréal le déclara l'apôtre de la tempérance, et le fléau fut conjuré dans tout le Canada français.

L'âme de l'apôtre se laissa surprendre et envahir par l'orgueil, que suivit bientôt la volupté, compagne ordinaire et châtiment de l'orgueil. Frappé de suspense par l'archevêque de Québec d'abord, puis par l'évêque de Montréal, le P. Chiniquy, après quelques mois de retraite chez les Oblats d'Ottawa, reçut les pouvoirs nécessaires pour exercer le ministère sacré dans la grande colonie canadienne de l'Illinois.

Ces Canadiens, qui l'avaient connu dans les beaux jours de ses triomphes oratoires et qui gardaient le souvenir de sa réputation d'apôtre de la tempérance, le reçurent avec joie, ignorants qu'ils étaient de ses fautes et de ses condamnations. Chiniquy, de son côté, mit toute son habileté à capter la confiance de cette population si bien disposée, et fut bientôt le pontife et le roi de la colonie canadienne. L'orgueil s'empara de nouveau du missionnaire adulé et la volupté suivit, ramenant et multipliant les scandales.

L'évêque de Chicago frappa de suspense le P. Chiniquy. Mais cette fois ce fut par la révolte ouverte que le missionnaire répondit à la sentence épiscopale. Etabli à Sainte-Anne, Chiniquy en fit le centre d'une violente agitation contre son évêque. Il n'avait pas vainement compté sur son ascendant pour entraîner à sa suite la colonie entière ; nombreux et résolus furent les partisans qui le prirent pour chef, tandis que le plus grand nombre, hésitant et perplexe, laissait faire sans se prononcer.

Des pluies prolongées avaient noyé les récoltes de 1861, et les Canadiens, établis depuis trop peu de temps sur les terres de l'Illinois, se virent menacés de famine. Chiniquy profita de leur détresse et se fit quêteur. Il monta dans les chaires protestantes des grandes villes américaines, annonçant, pour toucher plus sûrement le fanatisme de ses auditeurs, que ces Canadiens malheureux étaient des convertis amenés à la Réforme, au nombre de douze mille, par les ardentes prédications dont il ne cessait de les poursuivre depuis qu'il s'était lui-même détaché de Rome. Il ne négligeait pas d'opposer à la lésinerie catholique la large libéralité protestante, et, le fanatisme aidant, ses appels étaient entendus et les aumônes abondaient. Quand il revint, après six mois, il était chargé d'or et suivi de plusieurs trains où étaient entassés le blé, les vêtements, les animaux vivants destinés à ses Canadiens. Les dons en nature furent distribués avec un peu d'argent : la grosse part lui resta.

L'intérêt acheva les conversions qu'il avait escomptées et lui amena les hésitants ; attirés par ses promesses, presque tous le suivirent. Il avait attendu que ce résultat fût évident pour tous ; alors, jetant le masque, il se déclara ministre protestant. En toute autre circonstance, son apostasie eût soulevé l'unanime réprobation de son peuple. Mais la famine était menaçante et les secours abondaient, fournis par les protestants à la prière de leur missionnaire. L'intérêt parla si haut et la cupidité fut si forte que les Canadiens n'hésitèrent plus entre la foi paternelle et l'apostasie : ils allèrent à l'apostat.

Cette lamentable défection de toute la colonie poussa l'orgueil et l'ambition de Chiniquy jusqu'à la folie ; il se posa résolument comme le guide suprême et la providence de sa population aveuglée, en même temps qu'il s'appliquait à abaisser les évêques, les prêtres, toute l'Eglise par ses sarcasmes et ses calomnies. Il eut la misérable joie de voir ses sectateurs fanatisés se tourner avec la dernière violence contre l'Eglise qu'ils venaient de quitter. Mgr Duggan, évêque de Chicago, voulut venir et vint en personne fulminer l'excommunication contre Chiniquy et ses partisans. Ce fut une scène sauvage : malgré les shérifs et les catholiques nombreux qui l'avaient suivi et l'entouraient, l'évêque se vit en danger d'être lapidé par les Canadiens apostats de Sainte-Anne.

Si florissantes naguère, maintenant dévastées, les paroisses canadiennes subissaient le joug de Chiniquy, maître absolu de la colonie en 1861-1862. L'archevêque de Québec, dont les Canadiens égarés avaient presque tous été les diocésains, s'empressa d'envoyer au secours des missions atteintes par le schisme et l'hérésie les prêtres que lui demandait l'évêque de Chicago. A M. Mailloux, vicaire général, fut confiée la mission de Bourbonnais; M. Lapointe eut Sainte-Marie et l'Erable; deux Oblats de Marie, les R. P. Brunet et Lagier, vinrent à Sainte-Anne, où résidait l'apostat.

MM. Mailloux et Lapointe obtinrent d'heureux résultats. Mais le temps des conversions n'était pas encore venu pour Sainte-Anne. Son église, transformée en temple protestant, était occupée par Chiniquy, et les Pères oblats n'avaient à leur disposition, pour le service religieux, que les maisons des quelques rares catholiques fidèles. Bientôt chassés de Sainte-Anne comme des malfaiteurs, ils se retirèrent à Kankakee, chef-lieu du comté, où ils ouvrirent une mission.

Parmi ses fanatiques, dont plusieurs avaient juré de le suivre à la vie à la mort, l'apostat trouva sans peine deux témoins qui, après s'être confessés au P. Brunet, le dénoncèrent pour calomnie contre Chiniquy. Ils affirmèrent que le P. Brunet avait accusé Chiniquy d'avoir incendié l'église de Bourbonnais récemment brûlée. Leur témoignage fit condamner le P. Brunet à cinq mille dollars de dommage, et Chiniquy le fit retenir en prison comme caution de sa dette. Le P. Lagier découragé revint seul au Canada. Dans le même temps, MM. Mailloux et Lapointe étaient rappelés. Des missionnaires vinrent les remplacer à Bourbonnais, à l'Erable, à Kankakee, aux Petites Iles et à Sainte-Marie, où les Canadiens en grand nombre avaient abjuré l'erreur. Mais Sainte-Anne resta vacant.

CHAPITRE DEUXIÈME

LES MISSIONS DANS L'ILLINOIS

L'abbé Crud à Sainte-Anne.
L'apostat Chiniquy. — Conversion de Mme Chiniquy,
belle-sœur de l'Apostat.
Vengeance de Chiniquy. — Une évasion américaine.

L'abbé Crud à Sainte-Anne.

Choisi le 2 novembre 1862 pour la mission de Sainte-Anne, M. Crud se rendit sans retard à son poste. Il essaya vainement de s'y installer. Les quatre familles restées catholiques refusèrent péremptoirement de le recevoir, même en passant, tant elles craignaient le fanatisme de leurs voisins. Moins fanatisée, la mission de Sainte-Marie, à six milles de Sainte-Anne, lui offrit l'hospitalité. Cette mission très éprouvée commençait à se ressaisir ; les travaux interrompus de son église étaient repris ; elle s'attacha à M. Crud et lui rendit son séjour chez elle agréable et précieux. Mais le champ de bataille était Sainte-Anne et c'était là qu'il fallait arriver.

Repoussé des maisons catholiques, M. Crud avait trouvé dans une maison schismatique une chambre et sa pension pendant deux jours par semaine. Les visites, le raisonnement et la douceur ramenèrent une quarantaine de familles, qui se firent absoudre de l'excommunication. Alors le missionnaire loua, puis il acheta une vieille maison d'école qu'il agrandit de moitié, où, une fois par semaine, il célébra la messe. Enfin, se sentant bien appuyé par les catholiques restés fidèles et par les convertis, il jugea que le temps était venu de se montrer, et il provoqua les protestants et leurs ministres à des discussions religieuses dans son église.

Deux fois par jour des auditeurs empressés remplissaient l'église de M. Crud. Les ministres protestants, munis de toutes les objections par lesquelles ils espéraient ébranler la foi catholique, s'y rendaient avec une touchante assiduité. Une circonstance imprévue offrit à M. Crud l'occasion d'un facile et décisif triomphe. M. Augier, ministre baptiste, commit l'inadvertance d'attaquer le culte des images, qu'il qualifia d'idolâtrie. Brièvement et avec calme M. Crud répliqua : « Nous sommes ou nous avons été tous catholiques pratiquants. Quel est celui d'entre vous, Messieurs, qui s'est prosterné devant une image pour l'adorer ? » Ce fut l'effondrement du ministre, qui sortit immédiatement de l'église au milieu des rires de l'auditoire ; quelques semaines plus tard il quitta Sainte-Anne. A partir de ce jour, les protestants n'osèrent plus proposer leurs objections de vive voix ; ils envoyaient à M. Crud des arguments écrits, ce qui donnait au missionnaire l'avantage de préparer ses réponses et de les rendre plus décisives pour les auditeurs de bonne foi.

Dans ces conférences, qui durèrent deux semaines, le missionnaire exposa tous les dogmes catholiques et réfuta les arguties protestantes, dont les plus sérieuses lui avaient été présentées par un jeune ministre presbytérien, fils du pasteur Monod, de Paris. Un vicaire de Chiniquy se permit un jour une objection contre la divinité de Jésus-Christ et l'authenticité des Évangiles. Sur ce terrain, où les arguments lui faisaient défaut, le vicaire se vit bientôt acculé à la négation de l'existence de Dieu. M. Crud prit occasion de signaler la dégradation où tombent ceux qui s'éloignent de l'enseignement de l'Eglise.

L'apostat Chiniquy

L'apostat, persuadé qu'il ferait échouer la mission catholique, s'était empressé d'annoncer une série de conférences au même temps que celles de M. Crud. Il n'avait compté que sur son éloquence quelque peu usée et sur son prestige très entamé. Son église resta presque déserte, tandis que s'emplissait, matin et soir, celle du missionnaire catholique.

Baptiste d'abord, puis presbytérien de la dépendance de Chicago, qui le rejeta, Chiniquy s'était affilié au presbytère de Toronto, en Canada. Rejeté là encore, parce qu'il refusait de rendre compte des sommes d'argent considérables qu'il avait reçues pendant la détresse des Canadiens, il se fit pontife suprême d'une nouvelle secte.

Mais bientôt, son arrogance et son inconduite révoltant ses vicaires et ses sectateurs, il vit les défections se multiplier autour de lui et des sectes se former avec un temple pour chacune d'elles, dans cette mission de trois mille âmes à peine. Episcopalienne, ou presbytérienne, ou baptiste, elles étaient toutes en opposition avec la secte chiniquienne.

Seuls les catholiques restaient privés d'église. Tant de blasphèmes et de calomnies avaient été vomis par Chiniquy contre la véritable religion, que ses malheureuses dupes préféraient n'importe quoi à la religion de leurs pères.

L'apostat ne put prendre part aux controverses provoquées par M. Crud; retenu aux mêmes heures par les réunions qu'il avait lui-même instituées dans son église, il dut subir, pendant les deux semaines que les conférences durèrent, l'humiliante solitude à laquelle il s'était condamné.

Au terme de ces deux semaines, inspiré et encouragé par le succès, M. Crud annonça une troisième semaine de retraite à laquelle furent convoqués catholiques et protestants.

Un mouvement merveilleux de conversions commença dès les premiers jours à se manifester dans cette population profondément ébranlée par les conférences. Remplie tous les jours aux instructions du matin, la pauvre église était insuffisante le soir, et le confessionnal bien avant dans la nuit était encore assiégé.

Conversion de Mme Achille Chiniquy.

Mme Chiniquy, belle-sœur de l'apostat, avait suivi régulièrement et pieusement, avec ses deux filles, les exercices de la retraite. Le dernier soir, M. Crud reçut l'abjuration de deux dames amies de Mme Chiniquy; avec une confiance qui n'excluait pas l'audace, M. Crud enjoignit aux amies d'aller dire à cette dame qu'il l'attendait au confessionnal; elles se rendirent à la maison où Mme Chiniquy, sa famille et quelques amis soupaient. La commission fut faite à l'oreille. Se tournant vers son mari : « Achille, veux-tu ? », dit Mme Chiniquy. Il répondit : « Fais comme tu voudras. » Elle se leva de table et, suivie de ses deux filles, se rendit au confessionnal. Le lendemain, toutes trois prenaient part à la communion générale.

La vengeance de l'Apostat.

La conversion de sa belle-sœur fut pour Chiniquy un coup mortel, il résolut de s'en venger en déshéritant sa famille. Deux semaines à peine écoulées, il se mariait, vieillard de soixante ans, avec une fille de vingt-deux ans. Cette femme étant morte dans l'année, il épousa la sœur de la défunte, âgée de vingt ans, quelques semaines seulement après la mort de la première.

Pl. IV.

Bon-Secours. — Chapelle du Pèlerinage.

Une évasion américaine.

M. Crud, que la captivité du P. Brunet ne cessait de préoccuper, et qui le visitait chaque semaine pour affermir sa patience et lui donner du courage, ne pouvait lui-même vaincre toujours la douloureuse tristesse que lui causait l'abattement, la langueur inquiétante de son confrère. Quand le succès des conférences et plus encore les conversions de la retraite l'eurent persuadé qu'il pouvait tout espérer de ses catholiques, il n'hésita pas un moment devant le coup d'audace que son cœur lui inspira; et le coup réussit à merveille.

Une douzaine de catholiques résolus se masquèrent; deux se firent ouvrir la porte du geôlier et le maintinrent immobile et silencieux sous la menace de deux revolvers. Pendant ce temps, le médecin de Sainte-Anne sciait les barreaux de la chambre où languissait le prisonnier; un fermier tenait, attelé à une légère voiture, le plus rapide de ses chevaux, prêt à partir au premier signal; et le reste de la troupe faisait le guet autour de l'hôtel de ville. Un peu d'eau forte et une bonne scie eurent raison, en moins d'une demi-heure, des deux barreaux. Le P. Brunet sortit, escalada la voiture qui l'attendait et par une course folle l'équipage gagna l'Etat de Michigan. La frontière franchie, le prisonnier libre était à l'abri de toute poursuite et Chiniquy perdait les cinq mille dollars que deux faux témoins lui avaient fait allouer. Le lendemain, le chemin de fer amenait le P. Brunet en Canada, puis à Ottawa au milieu de ses confrères.

L'enlèvement du P. Brunet fit grand bruit dans le comté, on pourrait dire dans tout l'Illinois. Averti dès le matin, Chiniquy accourut de Sainte-Anne et en apercevant la fenêtre par où avait passé le missionnaire : « Voilà, s'écria-t-il, un trou qui m'enlève cinq mille dollars! Mais je connais le coupable et il viendra ici à son tour. »

M. Crud le laissa dire; il avait abattu le misérable apostat et lui avait enlevé l'une après l'autre toutes ses victimes.

Chiniquy ne chercha pas longtemps l'auteur de cette délivrance et il essaya de renouveler le coup des faux témoins. Par une plainte en diffamation, déposée entre les mains du président du tribunal, il réclamait un mandat d'arrêt contre l'abbé Crud. Il accusait le missionnaire français d'avoir dit que lui, Chiniquy, avait douze femmes. M. Crud se contenta de répondre : « Je n'ai jamais dit que Chiniquy avait douze femmes ; mais, si je l'avais dit, je pourrais le prouver. » L'apostat se tint pour satisfait et cessa les poursuites.

A la fin de cette année 1863, si bien remplie, il ne restait plus à Chiniquy que les malheureux partisans qui ne pouvaient l'abandonner sans s'exposer à perdre leurs propriétés hypothéquées par Chiniquy. Les deux ministres épiscopalien et presbytérien végétaient dans leurs missions désertes. Sainte-Anne revivait.

CHAPITRE TROISIÈME

CHICAGO ET BOURBONNAIS

Fondation de la paroisse française à Chicago.
Choix imprévu de Bourbonnais.
Héroïque sacrifice.

Une paroisse française à Chicago.

Initié par trois années de missions en France au secret d'émouvoir et d'entraîner les foules, M. Crud, depuis ses prédications sur les bords du Saint-Laurent et surtout depuis les conférences de Sainte-Anne, ne pouvait douter du talent de parole que Dieu lui avait donné et que la grâce divine développa si opportunément.

La merveilleuse et si rapide régénération de Sainte-Anne avait attiré sur M. l'abbé Crud l'attention de Mgr Duggan, son évêque. La population de langue française à Chicago était délaissée ; les essais tentés pour y fonder une paroisse avaient toujours échoué. L'évêque résolut de confier à M. Crud une nouvelle tentative et il l'appela à Chicago au commencement de 1864. Il fut arrêté qu'une mission de quatre semaines y serait prêchée dans le cours du Carême et qu'on jetterait les fondements d'une nouvelle paroisse.

La mission commença presque immédiatement, prêchée par M. Crud, et suivie avec une admirable attention par les

Belges, les Canadiens et les Français de la grande ville. La vaste cathédrale de Saint-Patrice, mise par l'évêque à leur disposition, fut remplie tous les soirs, et, dans le cours des quatre semaines, on acheta un terrain assez vaste pour y construire l'église, le presbytère et l'école. La paroisse était fondée. L'évêque voulut présider la clôture de la mission et donner à M. Crud un témoignage public de satisfaction, de confiance et d'affectueuse reconnaissance en le nommant curé de la nouvelle paroisse et en lui confiant la charge de bâtir l'église.

Après cette mission, M. Crud revint à Sainte-Anne pour préparer ses Canadiens au devoir pascal.

Choix imprévu de Bourbonnais.

Pendant ce temps, s'accomplissaient de nombreux changements. M. Gingras, rappelé en Canada, laissa vacante la belle mission de Bourbonnais. Deux prêtres français arrivaient à Chicago, demandant l'un et l'autre un poste dans les missions. L'abbé Pernin, ami de M. Crud, avait accompagné dans ce long voyage d'Amérique Mme Crud, qui venait rejoindre son fils, et M. l'abbé de Montaubrique était un chanoine de Bordeaux. L'évêque de Chicago fit connaître à M. Crud ces divers événements et lui laissa le choix entre la paroisse nouvelle de Chicago et la belle et grande mission de Bourbonnais.

M. Crud, que les luttes de Sainte-Anne et les prédications de Chicago avaient momentanément accablé, désirait ardemment un temps de repos et de paix pour lui et pour sa mère, fatiguée du pénible voyage qu'elle venait de faire et implantée sur une terre nouvelle et dans un climat nouveau. Il choisit Bourbonnais.

La grande et belle église était presque achevée, les sœurs de Notre-Dame dirigeaient un pensionnat prospère de jeunes filles, où cent soixante pensionnaires et un égal nombre d'externes étaient formées à la vie chrétienne sous la conduite de seize religieuses ; un grand collège de garçons venait d'être construit et devait s'ouvrir à la rentrée de 1864, apportant à la vie paroissiale un élément nouveau. Cette mission de trois mille catholiques pratiquants promettait au zélé et fervent missionnaire une surabondance de travaux pleins de consolation. L'année avançait; il n'était que temps de trouver les professeurs qui devaient diriger le collège. Une seule congrégation répondit favorablement à la demande que lui adressa M. Crud, la congrégation du Bon-Pasteur. Mais elle mettait à son acceptation une condition que ses règles lui imposaient : la communauté religieuse serait sous la direction du supérieur, qui, lui-même, devrait être le recteur de la paroisse. Pendant une semaine entière, M. Crud tint secrète cette condition qu'il n'avait pas prévue et ajourna sa réponse. Après huit jours d'anxieuses réflexions, il se rendit à Chicago et remit à Mgr Duggan sa démission de curé de Bourbonnais, motivée par cette considération, bien digne du cœur et de la foi du missionnaire, qu'il ne voulait pas faire obstacle à une œuvre capitale comme celle d'un grand collège chrétiennement dirigé. L'évêque objecta qu'il n'avait rien à lui offrir qui pût compenser le sacrifice de Bourbonnais. M. Crud se ressouvint, sans doute, de la parole qu'il avait dite à l'archevêque de Québec : « Je suis venu pour être missionnaire. »

S'il n'exprima pas la même pensée, il la laissa deviner, car l'évêque de Milwaukee, présent à l'entretien, lui proposa immédiatement une « immense » mission dans le Wisconsin. M. Crud accepta.

Héroïque sacrifice.

Bourbonnais était la plus belle des missions de l'Illinois. Quelques familles, dont la foi avait été ébranlée par l'apostat de Sainte-Anne, hésitaient encore à se rendre. Une mission de deux semaines, que M. Crud dirigea avec l'assistance des missionnaires de l'Erable, des Petites Iles et du Kankakee, les ramena à la pratique de leurs devoirs chrétiens. Un fermier seul refusait encore de se rendre, mais il comprit bientôt ses torts et revint.

C'était donc une paroisse entière fidèle à la pratique religieuse, près de trois mille paroissiens, tous catholiques pratiquants et amis dévoués du prêtre. Tous les dimanches, la place de l'église se couvrait d'équipages qui amenaient les habitants de la paroisse aux offices. Les ressources pour l'église et le presbytère abondaient et la parole de Mgr Duggan n'était que la rigoureuse expression de la vérité : « Je n'ai pas une paroisse équivalente à vous offrir. »

Bourbonnais et Robinsonville ! Quel changement ! Quel contraste !

Là-bas, dans l'Illinois, c'est le délicieux village entouré de prairies en fleurs, dominé par sa belle église, son grand couvent et son collège, c'est la gracieuse rivière du Kankakee promenant ses eaux bleues sous un ciel pur et tranquille, ce sont d'innombrables fermes, semées dans les grandes prairies, d'où se détachent sur la verdure fraîche de coquettes et blanches maisons.

Ici, c'est la forêt, une forêt immense de sapins qui montent, dans un ciel terne et froid, jusqu'à cent et cent cinquante pieds. C'est le nord du Wisconsin. Des huttes misérables, faites de troncs d'arbres non équarris, abritent les habitants de la mission. L'église, qui n'est qu'une petite chapelle, bâtie en bois comme les huttes des habitants et enduite de terre glaise, protège à peine les paroissiens contre le froid et le vent.

Le presbytère, le grand et le seul monument du pays, est une vaste maison de pierres, sans crépissage ni dehors ni dedans. Deux cabarets l'avoisinent, et, à un demi-kilomètre, on rencontre une misérable boutique. Des sentiers à peine frayés font communiquer entre eux les habitants groupés sur un grand nombre de points en petits villages dans l'immense forêt.

C'était, après l'aisance, la vie facile et douce et les jouissances intellectuelles et morales de Bourbonnais, c'était le dénûment, la vie isolée, le travail incessant et ingrat du désert. Mais il y avait là des corps épuisés par la misère, des âmes en souffrance ; le missionnaire se souvint de sa vocation, il accepta.

CHAPITRE QUATRIÈME

LES MISSIONS DANS LE WISCONSIN

Robinsonville. — Onze missions à fonder.
L'apparition de 1859. — L'apostolat d'Adèle Brice,
la voyante. — L'épreuve.

La mission de Robinsonville.

Au mois d'octobre 1865, M. Crud, plein de santé et d'ardeur, prenait possession de l' « immense » mission que Mgr Henni lui avait confiée. L'horizon au nord, au sud, à l'est, à l'ouest, est borné par la forêt de sapins ; partout, toujours le sapin. Pour visiter un voisin, il faut s'aventurer dans ces grands bois, s'orienter et suivre la ligne droite sous peine de s'égarer. Ce pays s'appelle Robinsonville, la ville de Robinson.

Les Belges qui le peuplent vinrent, il y a soixante ans, de Liège et de Namur, cherchant un sort meilleur sur les terres du Nouveau-Monde. En moins de trois ans ils étaient déjà sept mille. Leur dénûment toucha vivement un missionnaire belge établi dans le voisinage de Greenbay. Il leur apprit que la grande forêt de sapins appartenait encore au Gouvernement et qu'ils pourraient en acheter à vil prix. Ils se procurèrent ainsi des propriétés de trente à soixante hectares et ils s'établirent entre le lac de Michigan et la baie Verte, sur une étendue de quarante milles en longueur et de quinze milles en largeur.

Quand M. Crud arriva au presbytère de Robinsonville, il fut salué par les volées joyeuses d'une cloche suspendue à quatre poteaux, c'était le clocher. Il vit déboucher de tous les points de la forêt, pauvres, déguenillés et dans des costumes qu'il est impossible de décrire, des groupes nombreux de paysans. Ils venaient, à l'appel de la cloche, voir le missionnaire qui leur avait été annoncé.

Une vie nouvelle allait commencer pour cette population dispersée, sans relations, sans traditions, sans liens, dans une forêt. Elle cesserait de souffrir.

Les premières années avaient été dures; dans une propriété qui en Europe les aurait enrichis, ils manquaient des choses les plus utiles. Leurs maisons n'étaient que de misérables cabanes où ils vivaient parmi leurs animaux. Les terres défrichées commençaient à donner des pommes de terre et du blé, mais, en l'absence de tout chemin, il était impossible de les vendre; ils avaient en abondance les plus beaux sapins du monde, mais pas de chevaux pour les transporter.

Dans l'immense forêt, sept ou huit chapelles avaient été construites où ils se réunissaient, les dimanches et au passage des missionnaires, pour prier et assister aux saints mystères.

Robinsonville et ses annexes.

La résidence d'un missionnaire au milieu d'eux fit naître de grandes espérances. Dès le premier dimanche, l'église de Robinsonville fut trop petite et de nombreuses députations de tous les points de la forêt vinrent inviter M. Crud à les visiter. Il put dès lors compter les paroisses qu'il faudrait y créer et les églises, écoles et presbytères qu'il y aurait à bâtir. Avec la décision qui le caractérise, il se mit en campagne sans retard.

Sur un cheval qui porte avec le cavalier les ornements et les vases sacrés nécessaires au culte, il commença la visite des principaux centres de sa grande mission et des chapelles qui avaient été construites. Il rechercha les enfants qui n'étaient pas baptisés, les mariages à réhabiliter; il interrogea les enfants sur la prière, les vérités principales de la religion, et compta ceux qui pourraient être préparés à la communion.

Une semaine entière fut consacrée à cette visite par des chemins à peine tracés. Mais, quand elle fut achevée, M. Crud connaissait le nombre des paroisses qu'il faudrait fonder, les ressources de chacune d'elles et le nombre des enfants à préparer.

Dix mille émigrants de Belgique, d'Irlande et du Canada étaient arrivés et d'autres arrivaient quand M. Crud prit possession du presbytère et de l'église de Robinsonville.

Les limites de onze paroisses furent fixées et la construction des églises, des presbytères et des écoles commença.

Une fois par mois, le missionnaire visitait chacune de ses paroisses, y célébrait la messe, prêchait et administrait les sacrements. Entre temps, il organisait, à l'occasion d'une apparition de la Sainte Vierge en 1859, le pèlerinage de Notre-Dame de Bon-Secours, qui fut un des premiers du Nouveau-Monde.

L'apparition de 1859.

Adèle Brice, âgée de trente ans, fille pieuse et de grand cœur, avait suivi ses parents en Amérique, non sans un vif regret de la Belgique, sa terre natale. Etablie avec sa famille à une lieue de Robinsonville, elle se rendait le dimanche aux offices religieux de Bay-Settlement, à trois lieues de sa demeure; Robinsonville n'avait pas encore le service régulier du dimanche.

Dans les premiers jours d'octobre 1859, elle suivait dans la forêt le sentier de Robinsonville, où elle devait faire quelques emplettes, quand tout à coup, sur un tertre entre deux érables, apparut une dame d'une ravissante beauté. Adèle Brice, saisie d'une violente émotion, s'arrêta; la dame disparut. Rentrée à la maison, Adèle raconta toutes les circonstances de l'apparition à ses parents, gens simples et craignant Dieu, qui furent vivement touchés.

Le dimanche suivant, 9 octobre 1859, la jeune fille, accompagnée par sa sœur et une femme du voisinage, se rendait aux offices de Bay-Settlement. Auprès du lieu de l'apparition elle dit à ses compagnes : « Là, entre ces deux arbres, j'ai vu la belle dame. » Subitement pâle et tremblante, elle s'arrêta, et la dame disparut. A Bay-Settlement, Adèle se confessa, entendit la messe et communia.

Dans l'après-midi, en revenant chez elles, les trois femmes rejoignirent un Belge qui, depuis son arrivée en Amérique, s'était fait protestant. Elles racontèrent à cet homme l'apparition du matin. Adèle, silencieuse, sentait l'émotion l'envahir à l'approche du lieu béni. Près des deux arbres la belle dame apparut soudain, mais cette fois la jeune fille redevenue calme s'avança vers l'apparition et s'agenouilla. La dame dit :

— « Je suis la Reine des Cieux et je prie pour la conversion des pécheurs.

— « Chère dame, dit Adèle, que demandez-vous de moi?

— « Vous devez instruire les enfants pour leur première communion.

— « Chère dame, je suis moi-même si peu instruite!

— « Vous leur apprendrez la prière et le catéchisme.

— « Oui, chère dame.

— « Vous direz au monde de se convertir s'il veut éviter la colère de mon Fils. » La Dame disparut.

Le récit de l'apparition fit grand bruit. Connues et estimées, les femmes témoins de ce fait extraordinaire trouvèrent créance parmi la population belge. L'apostat qui les accompagnait le publia comme elles, fit abjuration publique et rentra dans le sein de l'Eglise, qu'il avait abandonnée. La foi et la piété se réveillèrent parmi ces pauvres émigrés délaissés, que l'indifférence déjà gagnait. On se rassembla sur le lieu de l'apparition, on pria, on baisa cette terre sanctifiée, on chanta des cantiques d'action de grâce et on décida de construire une chapelle sur le lieu où la Sainte Vierge s'était montrée. Dès le lendemain de cette décision les hommes revinrent en habits de travail. Les plus beaux sapins furent coupés, équarris, entassés les uns sur les autres en forme de murs. Une chapelle couverte d'ardoises de bois fut élevée, et avec la scie on ouvrit la porte et les fenêtres nécessaires. Sous la direction de la voyante, qui ne quittait pas les travailleurs, on érigea l'autel, sur lequel fut placée une statue de la Sainte Vierge et qui fut, comme toute l'église, orné de guirlandes. Belges, Allemands, Autrichiens, Irlandais accoururent à l'envi au pèlerinage, bannière en tête, à l'occasion de toutes les fêtes de la Sainte Vierge, et plus particulièrement le 9 octobre, anniversaire de l'apparition.

L'épreuve.

Ce mouvement extraordinaire de la population catholique de toute la contrée attira l'attention du missionnaire de Bay-Settlement, le R. P. Daems, chargé de la mission de Robinsonville. Il savait que l'autorité épiscopale ignorait l'existence du pèlerinage pour lequel aucune autorisation n'avait été demandée. Il crut devoir intervenir pour réprimer ce qu'il considérait comme un acte de révolte contre l'autorité. Sans tenir compte de l'ignorance des règles canoniques qu'il était sage de supposer chez cette population livrée à elle-même, il la traita avec une sévérité que pouvait seul expliquer un acte de révolte consciente. Ce n'était pas le cas. L'enthousiasme et la piété avaient inspiré l'ignorante population dans tout ce qu'elle avait fait. Elle se scandalisa des reproches que lui adressa le missionnaire pour l'érection de la chapelle et du doute qu'il fit planer sur la réalité des apparitions. Le mécontentement éclata avec une extrême violence quand le P. Daems choisit un jour de fête pour venir défendre aux pèlerins de prier dans la chapelle du pèlerinage élevée par Satan comme un étendard contre celui du Christ et quand il annonça que la voyante serait privée des sacrements aussi longtemps qu'elle n'aurait pas rétracté ses mensonges.

Désastreux pour le missionnaire, ce discours n'arrêta pas le concours des pèlerins. La voyante, elle-même, ne pouvant déclarer faux ce qu'elle savait être vrai, s'abstint de revenir à Bay-Settlement afin d'éviter de nouveaux scandales, et, fidèle à sa promesse, se livra avec plus d'ardeur à l'instruction religieuse des enfants. Son ascendant sur la population belge ne fit que grandir et les hameaux où elle devait séjourner lui ouvraient leurs portes avec empressement.

L'apostolat de la Voyante.

Le passage d'Adèle Brice dans un hameau était une sorte de mission. Les réunions du matin et du soir avaient lieu dans la chapelle, là où il y en avait une, ou dans la maison particulière qui lui donnait l'hospitalité. Elle présidait les prières et, le soir, on chantait des cantiques ; elle racontait l'apparition et les faits merveilleux qui se passaient à la chapelle du pèlerinage et profitait des soins qu'elle donnait à l'instruction religieuse des enfants pour raviver dans l'esprit de ses auditeurs les vérités oubliées ou obscurcies de la foi chrétienne et les devoirs que l'Eglise impose à tous ses enfants.

C'est à ce moment, octobre 1865, que M. Crud arriva à Robinsonville. Mgr Henni, évêque de Milwaukee, prévenu par les rapports du P. Daems, n'avait chargé M. Crud d'aucune recherche au sujet du pèlerinage et n'avait pas cru nécessaire de lui parler de cette affaire. M. Crud voulut étudier sur place toutes les circonstances de l'apparition, interroger la voyante et les témoins ; il constata leur bonne foi et le dévouement et la piété d'Adèle Brice. Dans ses courses à travers la grande mission il rencontra les principaux malades dont la guérison était attribuée à la Vierge apparue et il les interrogea, eux, leurs parents et les témoins de la guérison. Il enquêta particulièrement sur le cas du jeune François Abe, guéri, à la chapelle du pèlerinage, d'une tumeur au genou dont il souffrait depuis quatre ans et qui le privait de l'usage de sa jambe.

Dès qu'il eut appris l'apparition et l'érection de la chapelle, le jeune François Abe fut saisi d'un désir invincible d'y aller pour demander sa guérison. Mais il fallait faire quatre lieues dans la forêt par des chemins impraticables aux voitures. Ses supplications amenèrent enfin ses parents à atteler les bœufs de la ferme, et, assis sur la lourde charrette, conduisant lui-même l'attelage, il arriva par les sentiers des bois à la chapelle, après une demi-journée de voyage. Il se fit descendre et porter dans le sanctuaire où il commença une prière ardente. Elle n'était pas achevée que déjà du genou malade coulait une quantité de matières putrides ; la tumeur se vidait et les douleurs avaient cessé. Il retourna à pied, conduisant son attelage.

Muni de renseignements précis, indiscutables, M. Crud alla exposer lui-même à Mgr Henni la vérité telle qu'elle lui apparaissait. Il reçut de l'évêque l'autorisation de bénir la chapelle et de construire un couvent où se ferait la préparation des enfants à leur première communion, afin de réaliser ainsi la volonté de la Vierge apparue et de rendre possible et efficace la mission qu'avait reçue Adèle Brice de se consacrer à cette œuvre.

CHAPITRE CINQUIÈME

LE PÈLERINAGE DE BON-SECOURS

L'inauguration canonique du pèlerinage.
L'œuvre des premières communions. — Les sœurs
de Bon-Secours. — La mission des sauvages.

Inauguration du pèlerinage.

La bénédiction solennelle du sanctuaire de Bon-Secours fut une grande fête à laquelle assistèrent plusieurs missionnaires et des foules de pèlerins. Elle eut lieu le 15 août 1866. Le discours fut prononcé par le P. Daems. Avec une humilité parfaite le pieux orateur confessa l'erreur qu'il avait commise en attribuant à des sentiments de révolte ce qui n'avait été que l'expression irréfléchie d'une vive piété. Il retira les mesures rigoureuses qu'il avait prises inconsidérément contre la voyante digne de toute confiance que la sainte Vierge avait choisie et chargée de transmettre aux hommes ses volontés.

Dans l'immense foule accourue au pèlerinage, six nations étaient représentées par les Irlandais de Kewaunec, par les Bohémiens de Casco, par les Canadiens de Bay-Settlement, par les Allemands de New-Franken, par les Belges de Robinsonville et par les Sauvages de la Rivière-Rouge. Chaque nation avait sa bannière, ses oriflammes et son chœur de musique. Sous la conduite des missionnaires, cette multitude, unie dans la prière et dans un commun amour, inaugura avec un admirable recueillement le pèlerinage de Bon-Secours, le 15 août 1866. Ce fut un heureux jour.

La messe était célébrée tous les samedis dans la chapelle du pèlerinage, envahie par des groupes nombreux de pèlerins, fournis par chacune des missions annexes. La sainte Vierge entra dès lors pour une grande part dans l'œuvre du missionnaire dont le succès couronnait partout les efforts.

L'œuvre des premières communions.

En ce moment s'élevait, auprès de la chapelle, le couvent que M. Crud avait résolu de bâtir pour y grouper, chaque année, pendant dix mois, les enfants de la première communion. Quels que fussent le zèle et le dévouement d'Adèle Brice, il était évident qu'elle ne pouvait seule suffire à la tâche qu'elle avait acceptée. C'était, pour une population de douze mille âmes, un groupe de plusieurs centaines d'enfants à préparer. Il était possible de les atteindre tous, réunis sur un même point; il était impossible de les atteindre tous sur les points multiples et distants de l'immense forêt qu'ils habitaient.

M. Crud savait que les enfants ne manqueraient pas. Mais il fallait qu'ils trouvassent tous le logement, la nourriture et les soins nécessaires. On ne pouvait espérer qu'une congrégation religieuse, même la plus dévouée et la plus riche, acceptât d'envoyer à Robinsonville des sujets pour y fonder gratuitement un pensionnat gratuit. Ni fondations, ni recettes régulières, ni participation obligatoire des familles aux dépenses, rien n'assurait même la vie des maîtresses qui se chargeraient du pensionnat. Pendant quelque temps au moins elles devraient se contenter des provisions en nature, farine, viande, pommes de terre, etc., que les enfants ou leurs parents apporteraient.

L'esprit clairvoyant et pratique de M. Crud ne s'attarda pas

A Sens. — Groupe de malades.

à d'inutiles combinaisons. Son plan était arrêté. Avec l'autorisation de son évêque, il résolut de former lui-même le personnel dont il avait besoin. Sa filiale confiance en la divine Providence avait trop souvent réussi pour qu'il négligeât d'y recourir dans une si grave difficulté.

Deux jeunes filles sachant l'une et l'autre l'anglais et le français se mirent à sa disposition. Elles furent, avec Adèle Brice, le noyau de la nouvelle congrégation.

Le couvent et le pensionnat achevés reçurent les trois maîtresses et cent vingt enfants. Adèle Brice fut chargée de la direction générale et de l'instruction religieuse ; ses deux compagnes donnèrent aux enfants les éléments du français et de l'anglais.

Les religieuses de Bon-Secours.

L'année suivante, 1867, l'œuvre s'était développée. Six maîtresses dirigeaient le pensionnat et de nouvelles vocations s'annonçaient. M. Crud jugea favorable ce moment de ferveur et de zèle et il fonda la Congrégation des Sœurs de Bon-Secours. Elles prirent l'habit cette même année. Aujourd'hui encore elles continuent l'œuvre pour laquelle elles furent fondées et par laquelle se perpétue dans la grande mission belge et dans chacune de ses paroisses l'esprit catholique et la vie chrétienne restaurés en 1865.

Aux constructions de Robinsonville, couvent et pensionnat, M. l'abbé Crud ajoutait en même temps de nouvelles entreprises. Les églises de Walheim, de Thirideams, de Lincoln, de Brussels et de Delwich s'élevaient par enchantement, et, dans la principale paroisse, l'église de Robinsonville était agrandie et surmontée d'un clocher.

Chaque année M. Crud eut à bénir plusieurs églises nouvelles pour remplacer les chapelles provisoires devenues insuffisantes et ruineuses, en même temps qu'il surveillait et dirigeait la construction des églises dans les paroisses qui en étaient privées.

Depuis les travaux apostoliques de Sainte-Anne et de Chicago, quelques mois de répit à peine avaient été accordés à M. Crud dans la délicieuse paroisse de Bourbonnais. Immédiatement suivis par les fatigues que lui imposèrent l'organisation, la visite, les constructions urgentes de sa grande mission belge, ces quelques mois d'un repos relatif étaient loin quand, en 1868, le vaillant missionnaire ressentit la réaction des efforts surhumains qu'il n'avait cessé de fournir depuis la fin de 1862.

Un accablement soudain l'obligea à crier au secours. A grand'peine il obtint un missionnaire qui le remplaça pendant quelques semaines, dont il profita pour ramener Mme Crud en France. Ce voyage lui fut salutaire. Reposé d'esprit et de corps, M. Crud, au retour, reprit avec une ardeur renouvelée le travail de ses missions.

La mission sauvage.

M. Crud avait, parmi ses nombreuses missions de Robinsonville, la mission des sauvages de la Rivière-Rouge. Les sauvages du Wisconsin, évangélisés par le R. P. Bonduel, étaient admirablement doux et sociables. On pouvait même noter d'exagération la modestie et la douceur des convertis. Pour le missionnaire, leur Père, ils étaient toujours prêts à tous les sacrifices, et il ne pouvait passer dans leur tribu sans recevoir en abondance du poisson et du gibier. Ils assistaient tous à la messe célébrée dans leur mission avec un recueillement que l'on ne rencontre que chez eux et dans les couvents.

M. Crud aimait passionnément ses sauvages et voulut

apprendre leur langue pour prêcher et confesser et supprimer l'interprète. Etant en mission à la Rivière-Rouge, un couple se présenta un jour pour le mariage. Les formalités remplies, il s'agissait de la confession. Or l'interprète était absent et le marié seul savait l'anglais. — « Comment ferons-nous, lui dit le missionnaire ? — Si vous voulez m'admettre pour interprète, dit le fiancé, je crois que la fille en sera satisfaite. » Elle accepta, en effet, et jamais confession ne se fit avec plus de gravité.

Les chasseurs sauvages passaient assez souvent à Robinsonville, et M. Crud était heureux de les recevoir, car ils ne manquaient jamais d'entrer à l'église pour y saluer le bon Dieu et au presbytère pour y saluer le Père.

Deux violentes passions sévissaient chez eux, le vol et l'ivrognerie. Ils n'étaient admis au baptême qu'après avoir fait le serment de tempérance. Un ami de M. Crud lui recommanda un jour un sauvage nommé Coco, âgé de cent quatorze ans, que le missionnaire ajournait toujours pour le baptême à cause de sa terrible passion. M. Crud l'admit enfin. Fidèle à son serment pendant quelques mois, Coco s'oublia un jour en compagnie d'un vieux camarade qu'il n'avait pas vu depuis plusieurs années. Bourrelé de remords, Coco, pleurant comme un enfant, vint se jeter aux pieds du missionnaire : « Père, pardonne ; Augustin (c'était son nom de baptême) ne boira plus jamais, jamais ! » M. Crud pardonna.

L'orthopédie dans le Wisconsin.

Le missionnaire, dont les sympathies étaient acquises sans réserve aux déshérités de toute sorte, ne pouvait voir, sans désirer de les soulager, tant de malheureux infirmes qui abondent en Amérique comme partout. Dans l'Illinois, absorbé par les travaux qui se disputaient son temps et des déplacements incessants, il évita de révéler ses aptitudes en reboutage. Au Wisconsin la situation était tout autre. La charité autant que la nécessité lui imposèrent l'obligation d'employer au profit de ses paroissiens sa science de « guérisseur ».

La première année de son séjour à Robinsonville, il fut appelé auprès d'un vieillard mourant, à vingt-cinq kilomètres de sa résidence. Pendant qu'il administrait les derniers sacrements au moribond, il entendit d'amères lamentations dans la maison voisine. Un père de famille belge venait d'être victime d'un grave accident. Cet homme avait un bœuf méchant qui le renversa et lui cassa les deux os d'une jambe. Ni médecin, ni rebouteur dans cette contrée neuve et pauvre. Le docteur le plus proche résidait à Greenbay, à quarante kilomètres, et demanderait cinquante dollars de déplacement, plus d'argent que la jeune colonie n'en possédait.

Le blessé ne pouvait rester ainsi, c'était la misère et la faim à bref délai. M. Crud offrit de soigner le malade, et la famille désespérée accueillit avec empressement l'offre du missionnaire. Avec l'aide d'un jeune charpentier il rétablit les deux os à leur place, les maintint par de légères éclisses qu'il fixa avec de fortes bandes, et la jambe fut ajustée dans une sorte de gouttière en sapin où elle devait demeurer immobile pendant quarante jours. Cinq semaines après M. Crud vint dégager la jambe de sa gouttière et de ses bandes; l'opération avait réussi. Quelques jours de repos supplémentaire mirent le fermier en état de reprendre ses rudes travaux.

Un peu plus tard M. Crud le vit arriver à Robinsonville, monté sur une vieille carriole. Il apportait au missionnaire un quartier du bœuf qu'il avait fait abattre, afin d'éviter de nouveaux accidents. La communauté et le pensionnat profitèrent de cette abondance qu'il fut impossible à M. Crud de refuser sans blesser gravement le fermier reconnaissant.

Vers la même époque, un jeune Américain fit une chute de cheval et se démit trois doigts rentrés dans l'intérieur de la main et le pouce renversé en arrière. Comme chez le fermier, il y eut grande lamentation. Mais on apprit bientôt que le missionnaire pourrait guérir le blessé. Cinq ou six jours après, la main malade soignée par M. Crud était guérie.

Un cas plus grave se présenta un jour. Un bûcheron, tombé d'un sapin sur un autre arbre couché à terre, eut l'épine dorsale complètement sortie. L'abbé était dans le voisinage. Il accourut et demanda l'aide de deux forts Canadiens, amis du blessé ; il redressa la colonne vertébrale, y appliqua une solide éclisse, maintenue par un fort bandage, et, en moins d'une semaine, eut raison du mal.

Ces succès lui amenèrent une clientèle de plus en plus nombreuse ; mais en même temps ils augmentaient les travaux et les fatigues des missions. Il ne pouvait prendre au Wisconsin le parti qu'il prendra plus tard dans le Loiret et sacrifier le ministère des âmes au ministère des corps. En France les prêtres ne faisaient pas défaut ; à Robinsonville, M. Crud était seul pour desservir les onze paroisses de sa mission, au milieu d'une population ardemment chrétienne et pratiquante depuis que le missionnaire résidait chez elle. Il dut se résoudre à restreindre sa clientèle aux seuls malades de sa mission.

Au mois d'août 1870, Mgr Melcher, premier évêque de Greenbay, que les travaux merveilleux de M. Crud à Robinsonville avaient séduit, appela le missionnaire et lui confia dans la ville épiscopale la paroisse française.

CHAPITRE SIXIÈME

M. L'ABBÉ CRUD A GREENBAY

**L'église française de Greenbay. — Mlle Zoé Allard.
Les désastres de 1871 dans le Wisconsin.**

L'église française de Greenbay.

Greenbay est la plus ancienne des églises de l'Ouest-Amérique. C'est à Greenbay que s'était établi le P. Marquette, l'explorateur célèbre qui découvrit le grand fleuve Meschabé, ou Père des Eaux, aujourd'hui le Mississipi. Greenbay fut longtemps le centre des missions des P. Jésuites. L'église française est l'église-mère, qui fut d'abord la seule pour les catholiques. Plus tard les Allemands bâtirent une église pour y entendre la parole de Dieu dans leur langue. Vinrent ensuite les Irlandais établis sur la rive gauche de la rivière ; enfin les Hollandais formèrent à leur tour une paroisse dont le P. Hoffen prit la direction.

M. Crud remplaçait le P. Hoffen dans la paroisse française.

Malgré la séparation des Allemands, des Hollandais et des Irlandais, qui maintenant avaient leur église et leur missionnaire et formaient trois nouvelles paroisses, l'église-mère, considérablement accrue par les émigrants belges et canadiens, possédait la population la plus importante et restait la grande paroisse de la ville épiscopale.

La construction d'une église plus vaste, en rapport avec la population de langue française plus nombreuse, s'imposait.

M. Crud en fut frappé tout d'abord. Il mûrit, puis arrêta ses plans, et quand il lui parut qu'il y avait non seulement chance, mais presque certitude de succès, il décida de les mettre à exécution. Les comités s'organisèrent : le premier, composé des douze paroissiens les plus influents et les plus riches, fut le Comité des Finances; le deuxième, composé des douze principaux entrepreneurs et maîtres ouvriers, fut le Comité de la Direction des travaux; le troisième fut le Comité des collecteurs. Les dames formèrent la Société de l'autel; les jeunes gens et jeunes filles, la Société de Sainte-Cécile pour la préparation de concerts et de ventes au profit de l'église. En trois semaines vingt-quatre mille dollars avaient été souscrits; une grande loterie, dont une foule de zélatrices plaçaient les billets, à un dollar le billet, avait été lancée dans les contrées voisines; et dès le mois d'avril 1871 les travaux étaient en pleine activité.

Entrepreneur général, M. Crud procurait pierre, brique, chaux et sable aux maçons, bois et ardoises aux charpentiers, commandait portes et fenêtres aux scieries à vapeur, préparait la paye du samedi. Plus d'une fois il lui fallut un grand courage pour recueillir la somme nécessaire. Enfin, mené avec entrain et persévérance, le travail des deux cent soixante ouvriers avait achevé l'église avant la fin de l'année. La dédicace eut lieu le 18 décembre de cette année 1871, qui ailleurs laissait tant de ruines derrière elle.

Chicago venait de s'effondrer dans un immense brasier, et les missions du nord du Wisconsin et du Michigan étaient dévastées, à cent lieues de Chicago, par un incendie plus effroyable encore, le même jour, presque à la même heure. Le feu avait tout réduit en cendres sur une étendue de soixante lieues de longueur et vingt de largeur. Plusieurs des anciennes missions de M. Crud disparurent entièrement dans ce cataclysme, et cinq des églises qu'il avait construites devinrent la proie des flammes.

M{ⁱˡᵉ} Zoé Allard.

Américaines nées d'émigrants canadiens, les demoiselles Allard voulaient entrer en religion. Pour attendre l'âge et se préparer plus sérieusement, elles vinrent offrir leurs services à M. Crud dont elles dirigeraient la maison. M. Crud en reçut quatre, qui, deux à deux, préparèrent chez lui leur entrée au couvent.

L'une d'elles parut si intelligente et se montra si dévouée aux intérêts de la maison que le missionnaire l'associa aux œuvres de la paroisse et la mit en mesure de rendre de précieux services. Elle apprit la musique pour être capable de tenir l'orgue et de conduire les chants religieux. Elle devint d'une habileté remarquable dans les arts d'agrément, dans la broderie et tous les ouvrages de femmes, plus particulièrement dans la confection des fleurs artificielles et des statuettes en cire. A dix-neuf ans elle était musicienne très appréciée et douée d'une voix splendide. Pour une bonne part, elle contribua à grouper, tous les dimanches, dans la grande église française, de nombreux artistes protestants qui avouaient n'avoir chez eux rien de comparable aux chants des catholiques.

Pendant qu'il triomphait à Greenbay, où ses projets les plus audacieux se réalisaient comme par enchantement, M. Crud souffrait dans le secret de son âme de toutes les humiliations qui étaient infligées à la France, sa patrie; c'était en 1870. Les sympathies qu'il sentait autour de lui ne pouvaient l'illusionner sur la triste et sombre réalité. Vaincue, ruinée, abaissée, puis démembrée, la France lui apparaissait incessamment, au milieu même de cette magnifique efflorescence des églises américaines, comme une nation déchue, maudite, rejetée par la justice de Dieu, presque tombée au dernier rang des nations, dont elle avait si longtemps été la reine enviée.

Ce fut le rappel à l'humilité que Dieu fit entendre à M. Crud, au milieu des succès inouïs qui marquaient toutes ses œuvres d'un signe vraiment divin et d'une bénédiction de choix.

L'année suivante, 1871, un effroyable cataclysme vint ajouter à la leçon de 1870 une leçon plus dure encore parce qu'elle atteignait M. Crud dans ses œuvres de prédilection, où il avait prodigué les trésors de son cœur, les ressources de son intelligence et l'inépuisable dévouement de sa charité.

Chicago, la reine de l'Ouest, était un immense brasier, où s'abîmaient ce qu'avait de plus beau et de plus riche cette ville, une des plus belles et des plus riches du monde; hôtels, palais, collèges, hôpitaux, théâtres, églises disparaissaient dans une tempête de feu et un amoncellement de ruines.

Les désastres de 1871 dans le Wisconsin.

L'histoire se souviendra de l'incendie de Chicago, se souviendra-t-elle des désastres du Wisconsin et du Michigan?

Le même jour, presque à la même heure, se sont produites les deux catastrophes. Une sécheresse de cinq mois, dans ces contrées qui subissent quelquefois en été des chaleurs torrides, avait préparé les voies au plus terrible des incendies.

La même tempête, qui activait l'incendie de Chicago, soufflait sur le Wisconsin et le Michigan, où d'innombrables brasiers, allumés par les bûcherons, devinrent autant de torches incendiaires. Sur une longueur de soixante lieues et sur vingt de largeur tout fut atteint par le feu : ni les rivières, ni les champs défrichés, ni la Baie-Verte et ses cinq lieues de largeur ne purent arrêter la dévastation.

L'air enflammé asphyxiait les personnes qui n'avaient pu se réfugier dans des creux de rocher ou dans des caves.

A Peshtigo, résidence du P. Pernin, l'ami et le compatriote de M. Crud, il ne resta debout qu'une maison en construction. Le Père s'était aperçu de l'approche du fléau et avait donné l'alarme. Il avait enterré dans un trou, creusé en hâte au milieu de son jardin, ce qu'il avait de plus précieux, ornements sacrés, calices, ciboires, etc. Puis sur sa voiture le linge nécessaire et parmi le linge le tabernacle renfermant le T.-S. Sacrement sont entassés. Il appela alors ses paroissiens affolés, les conviant tous à la rivière.

Après deux cents pas à peine, le cheval tombe asphyxié : le Père le détèle, et lui-même traîne la voiture qu'il précipite dans la rivière et s'y jette à son tour pour échapper au brasier.

La moitié des paroissiens avaient entendu ses appels. Plus de douze cents se jettent dans les eaux où ils demeurèrent de neuf heures du soir à quatre heures du matin.

Qu'étaient devenus les douze cents autres ? On trouva les cadavres carbonisés de ceux qui n'avaient pu atteindre la rivière, semés le long de la route ; d'autres étaient morts dans les caves et dans les puits où ils s'étaient réfugiés.

Le P. Pernin resta aveugle pendant deux jours, ainsi qu'un grand nombre de ses compagnons d'infortune. On les abrita sous une vaste tente apportée d'Oconto à la première nouvelle du désastre.

Dès qu'il eut recouvré la vue, le Père se préoccupa de rechercher le tabernacle, qu'il trouva dans une anfractuosité du rivage, absolument intact, tandis qu'autour tout, arbustes et grands arbres, avait été consumé.

Dans le tabernacle en bois, il retrouva le ciboire et les hosties consacrées et le corporal sur lequel reposait le ciboire, le tout comme au moment où il était sur l'autel.

Ce prodige, constaté par des centaines de témoins, parmi lesquels des protestants en grand nombre, provoqua une manifestation d'unanime admiration.

A Robinsonville et à Bon-Secours le fléau accumulait les

deuils et les ruines ; Greenbay, qu'il menaçait de tous côtés, était plongé dans la désolation et comme paralysé par la terreur. M. Crud ne pouvait suffire à consoler et à rassurer ses paroissiens, que les nouvelles de Chicago et des missions voisines affolaient. Il apprit bientôt que dans le désordre général de ses anciennes missions la chapelle du pèlerinage de Bon-Secours et le couvent étaient restés saufs. A l'approche du danger Adèle la Voyante, pleine de foi et d'inébranlable confiance dans la divine Mère, s'était écriée : « Prions, mes enfants, et portons en procession Notre-Dame de Bon-Secours. Elle seule peut nous sauver. »

Quatre religieuses portent la statue, la croix ouvre la marche, les élèves et les sœurs suivent, le chapelet à la main. En ce moment la tempête et l'incendie faisaient rage autour de l'enclos de Bon-Secours, les sapins enflammés, semblables à d'énormes torches, tombaient avec fracas et les maisons s'effondraient. La procession avait fait le tour de l'enclos et le feu s'était arrêté à la limite que lui avait fixée le passage de la sainte Vierge.

Il était tard quand s'acheva la procession ; la nuit fut encore une nuit d'angoisse. Mais quand au matin on parcourut la route que la statue bénie avait suivie la veille, on put constater que le feu n'avait nulle part franchi la limite de l'enclos, que les bois et le foin qui se trouvaient sur la propriété de Bon-Secours n'avaient pas été atteints, lorsque tout était consumé à l'entour. Alors ce fut une explosion de reconnaissance, et de tous les cœurs et de toutes les bouches sortit ému et ardent le chant d'actions de grâces, le sublime *Magnificat*.

Et, pendant cette prière, une pluie abondante vint tout à coup sauver ce que la catastrophe n'avait pas détruit.

CHAPITRE SEPTIÈME

RETOUR DANS LES MISSIONS BELGES

Mort du premier évêque de Greenbay.
Le deuxième évêque : Mgr Krautbauer.
Nouveau sacrifice :
Reconstruction des églises incendiées.

Mort du premier évêque de Greenbay.

Dans les premiers jours de décembre 1873, mourut Mgr Melcher, premier évêque de Greenbay. La distinction, le zèle et l'angélique piété du prélat lui avaient conquis l'affection des fidèles et la respectueuse sympathie de toute la population du diocèse. Sa mort fut celle d'un prédestiné et ses funérailles, célébrées dans la grande et belle église de M. Crud, eurent l'éclat d'un triomphe. Quel sera le successeur? Ce fut la question qui se posa immédiatement. Mgr Melcher, ancien vicaire général de Saint-Louis du Missouri, avait été nommé évêque de Greenbay, en 1867, par Pie IX, quand le Wisconsin fut divisé en trois diocèses. On pouvait alors prévoir qu'un Allemand lui succéderait, la population catholique du diocèse étant allemande en grande majorité.

La vacance fut longue. Le P. Daems, de Bay-Settlement, désigné pour être l'administrateur du diocèse, s'empressa d'appeler à son aide M. Crud pour se présenter chez les principaux prêtres de Greenbay et des environs. La vacance du siège se prolongea jusqu'en 1875. Mgr Krautbauer, aumônier des sœurs de Notre-Dame de Milwaukee, nommé évêque de Greenbay, fut sacré en juin 1875 par Mgr Henni, assisté par les évêques de Saint-Paul et de Lacrosse, dans la cathédrale de Milwaukee.

Mgr Krautbauer, deuxième évêque de Greenbay.

Le nouvel évêque avait amené à Greenbay deux amis intimes qu'il tenait à garder près de lui. De l'un il fit le curé de la cathédrale et son vicaire général à la place du P. Daems, à l'autre il donna la paroisse de M. Crud.

La réputation du « bâtisseur d'églises » servit de prétexte à ce déplacement de M. Crud, à qui l'évêque confia la construction des églises de Dykesville, de Brussels et de Lincoln, détruites par l'incendie de 1871 et que des divergences locales entre les paroissiens avaient jusqu'alors empêché de rebâtir.

Le retour de M. Crud dans ses anciennes missions n'avait rien d'effrayant. Tout y était bien changé. L'effroyable misère avait disparu ; une vie de plus en plus intense apparaissait partout ; du cataclysme de 1871 les ruines étaient réparées, et quand le bateau à vapeur qui portait le missionnaire aborda, M. Crud ne put voir sans une vive émotion la population qui l'attendait avec drapeaux et armes à feu. Belges, Canadiens, sauvages étaient accourus ; les sœurs de Bon-Secours du couvent de Robinsonville étaient là, bien qu'elles fussent désormais en dehors de la juridiction de M. Crud.

Afin d'éviter toute manifestation, M. Crud avait quitté Greenbay sans faire ses adieux à la paroisse qui lui était si dévouée. Mais une pétition, signée par plus de sept cents chefs de famille, s'était organisée et fut présentée à l'évêque par les marguilliers de la paroisse et les notables de la ville.

Et le dimanche suivant deux steamboats amenaient séparément à Dykesville les anciens paroissiens de M. Crud et ses amis protestants, qui tous lui apportaient l'expression de leurs regrets et le témoignage de leur sympathie.

Le même dimanche, l'église de Greenbay parut déserte et le P. Caken apprit que sa paroisse était ce jour-là à Dykesville. Il s'en plaignit à l'évêque et à ses paroissiens. L'évêque, plus habile, ne s'en plaignit qu'à M. Crud, qui put répondre en toute sincérité que cette démonstration, imprévue, loin d'avoir été provoquée, n'était qu'un témoignage touchant de reconnaissance.

Nouveau sacrifice : les églises incendiées.

Après Chicago et Bourbonnais, le sacrifice de Greenbay ne fut pas moins dur à M. Crud. L'admirable réception dont il avait été l'objet à Dykesville ne lui avait pas enlevé tout regret. Elle devint même la cause d'un regret nouveau. Les belges de Brussels, qui venaient de perdre leur missionnaire, demandèrent à l'évêque de Greenbay d'envoyer M. Crud chez eux pour les amener à construire leur église. A peine installé à Dykesville, ce fut pour M. Crud un nouveau déplacement et de nouvelles scènes de désolation. Mais il obéit. A Brussels il se hâta de mettre à l'œuvre tous ses ouvriers, car l'hiver arrivait à grands pas, et il lui fallait les murs, le toit et l'autel avant l'hiver. Le presbytère inhabitable fut en même temps réparé et, après l'hiver de 1875-1876, qui fut terrible, on put achever à loisir les travaux du presbytère et de l'église.

Après Brussels, ce fut Lincoln dont Mgr Krautbauer demanda à M. Crud de bâtir l'église. Nouveau déplacement et nouvelles scènes de regrets. Les paroissiens mirent toute leur bonne volonté et quelque peu d'amour-propre à construire une église belle entre toutes et ils réussirent. Au jour de la dédicace de cette nouvelle église Mᵍʳ Krautbauer voulut faire amende honorable en avouant qu'il avait eu tort d'imposer à M. Crud le sacrifice de sa belle paroisse de Greenbay. « Mais, ajouta-t-il, le démon seul y a perdu. M. Crud s'est noblement vengé en construisant les deux superbes églises de Brussels et de Lincoln, et la grande église de Greenbay est en bonnes mains, celles des Pères Jésuites. Quant aux missions belges qui menaçaient ruine, les voilà florissantes et pourvues d'églises, d'écoles et de presbytères. »

Dans cette grande colonie de Robinsonville, que M. Crud avait desservie seul pendant si longtemps, il y avait désormais un prêtre à Robinsonville, un autre à Dykesville, un troisième à Brussels, un quatrième à la Petite-Baie, un cinquième à Saint-Martin-des-Flamands, un sixième à la Grande-Sucrerie, un septième pour les Irlandais et les Bohémiens de Casco. Au lieu de onze paroisses qu'il avait avant d'aller à Greenbay, M. Crud n'en dirigeait plus que trois : Lincoln, Marchand et Thiridaems qui achevait son église. L'église de Marchand était la seule de la colonie que M. Crud n'eut pas fait construire.

CHAPITRE HUITIÈME

LA FIN DU MISSIONNAIRE

L'accident de 1880. — Repos forcé. — La retraite.

Il est remarquable que M. Crud a toujours réussi dans les travaux et dans les œuvres qu'il n'avait pas choisis. Ce fut la récompense de sa parfaite docilité à la volonté de Dieu manifestée par la volonté de ses supérieurs. Il n'est pas moins remarquable qu'il semble n'avoir jamais fait que des œuvres ou des travaux commandés qu'il n'interrompit jamais de sa propre autorité. La formation religieuse qu'il avait reçue chez les Maristes de Belley exerça sur la vie du missionnaire et plus tard son influence décisive. M. Crud voulut toujours n'être que le docile instrument de la divine Providence.

Quelques mots résument cette première partie d'une vie, toute pleine de travaux merveilleux et tous imprévus.

L'Océanie qu'il avait désirée lui est refusée, mais il accepte l'Amérique à laquelle il n'avait pas songé et qui lui apparaît comme un pis-aller.

Dans l'Amérique il ne veut être que missionnaire et il cherche un équivalent de l'Océanie ; c'est Sainte-Anne qui sera cette compensation.

Ses supérieurs ont apprécié les qualités de ce caractère trempé pour les grandes œuvres et le poussent vers les postes en vue. Doucement la divine Providence l'en détourne et le conduit, loin de Chicago et Bourbonnais, à Robinsonville.

Des œuvres extraordinaires accomplies sur ces terres neuves

Institut de Sens. — Résidence actuelle de M. Crud.

il apparaît que M. Crud serait à sa place sur un plus vaste champ d'action. La divine Providence l'en fait sortir pour le rejeter parmi les missions dévastées, que lui seul pouvait si magnifiquement restaurer.

Mais là l'attendait la suprême épreuve.

En revenant de Lincoln à Thyridaems, dans l'hiver de 1880, M. Crud fut surpris par une tempête de neige à deux milles de Lincoln et à trois milles de Thyridaems. Le vent, d'une extrême violence, amoncela la neige et ferma tous les chemins. Le cheval du missionnaire ne pouvait plus avancer dans cet amas mouvant, et rester immobile sous cette tempête glacée c'était la mort certaine. Séparé de la forêt par un quart de mille, et ne voyant pas un autre refuge, M. Crud résolut d'y arriver, et il commença un travail de géant. Mais la nécessité décuple les forces; après une heure de travail surhumain, par trente degrés de froid, le passage dans ces monceaux de neige était praticable et atteignait la forêt. Le cheval avait suivi son maître pas à pas. Couvert de sueur malgré le froid et harrassé de fatigue, M. Crud, se croyant enfin sauvé, hâta sa course à travers la forêt. Mais il sentit bientôt le froid le saisir tout entier ; sa main droite était engourdie et ne tenait plus les rênes. Il voulut descendre et marcher ; il était trop tard ; il ne put sortir le pied de l'étrier. Un nouveau danger le menaçait qu'il ne pouvait conjurer. Autant que le permirent les chemins, il pressa la marche de sa monture et arriva chez un fermier de Thyridaems.

En le voyant, les gens de la ferme comprirent aussitôt la gravité de son état. Ils se hâtèrent de le descendre de cheval et l'étendirent sur un lit : le côté droit, de la tête au genou, était gelé. Par d'énergiques frictions de neige sur la joue, le bras et la jambe, qui se prolongèrent durant trois longs quarts d'heure, la circulation du sang fut rétablie dans les parties gelées. Il n'était que temps.

Depuis ce jour, la santé du missionnaire ne fit que décliner, malgré les soins les plus assidus et un repos de près d'un an chez le P. Pernin, son ami. Des névralgies douloureuses le retenaient au lit trois ou quatre jours consécutifs sans nourriture et sans mouvement.

M. Crud avait, en 1880, cinquante-deux ans. Il sentit que sa vie de missionnaire était finie; car il ne pourrait la reprendre qu'après la disparition des névralgies et sous un autre climat. A la douleur physique se joignait de ce chef une douleur morale et la lassitude qu'elle engendre. Trois fois dans le cours de ses missions, au Canada, dans l'Illinois et dans le Wisconsin, M. Crud avait fait au devoir de l'obéissance le sacrifice des situations les plus légitimement acquises; et voici qu'un coup terrible de la divine Providence le mettait dans l'impossibilité de suivre la carrière qu'il avait embrassée avec tant d'ardeur et suivie parmi tant de travaux et de succès, et lui enlevait même la consolation de la continuer encore dans une situation moins chargée d'épreuves, de fatigues et de dangers.

M. Crud avait achevé la grande et belle église de Greenbay quand son évêque lui demanda d'abandonner l'église et la paroisse si merveilleusement restaurées et de reprendre, pour bâtir d'autres églises et restaurer d'autres paroisses, ses anciennes missions : « Monseigneur, dit M. Crud à l'évêque de Greenbay, j'espérais que, l'œuvre de ma grande église achevée, je pourrais en jouir le reste de mes jours. » — « Vous reviendrez, après la reconstruction des églises de Lincoln et de Brussels, vous reviendrez sans obstacle à votre poste de Greenbay », répondit l'évêque.

M. Crud obéit.

Ces sacrifices répétés laissent dans l'âme une sorte de lassitude que les plus vaillants ne surmontent pas sans peine; surtout quand le corps, éprouvé déjà par de longues années de travaux incessants, n'offre plus aux généreuses ardeurs de l'âme qu'un instrument impuissant.

Tel était l'état de M. Crud après 1880. Le parti que prit le missionnaire de clore à cinquante-deux ans sa carrière apostolique et de rentrer en France s'explique et par son état de santé et par son état d'âme. L'âme autant que le corps demandait paix et repos.

Il est inutile d'ajouter que vingt années d'un ministère absorbant, de sollicitudes permanentes et d'efforts sans répit suffisaient pour légitimer sa retraite.

Dans une note, il dit que, de concert avec sa sœur adoptive, il avait résolu d'abandonner l'exercice du reboutage que la loi française lui interdisait, et nous savons que la nostalgie des missions le reprit un moment et le ramena en Amérique. Mais la divine Providence brisa l'un et l'autre dessein. Quelques guérisons retentissantes amenèrent les malades, et il ne trouva en Amérique que des postes de choix et tranquilles que le missionnaire ne cherche pas.

De retour en France, il est bientôt mis en demeure de choisir entre le ministère paroissial et le ministère des infirmes et il devient le « Curé guérisseur ».

Toujours docile, il cède à la volonté de Dieu et s'engage dans la nouvelle carrière que Dieu même, par la force des événements, lui impose. Ce n'est pas le repos et la paix qui l'attendent dans son nouveau ministère, car Dieu lui fait bonne mesure de difficultés et de travaux jusqu'à l'accabler.

L'ABBÉ CRUD ET L'ORTHOPÉDIE

DEUXIÈME PARTIE
LE CURÉ GUÉRISSEUR

CHAPITRE PREMIER
M. L'ABBÉ CRUD A GÉMIGNY

Un accident et une vocation. — Résolution inefficace.

Un accident et une vocation.

Le voyage sur mer, le climat de la France et quelques mois de repos avaient donné à M. l'abbé Crud l'illusion du bien-être et de la guérison. Nommé par l'évêque d'Orléans curé de la paroisse de Gémigny, il résolut de se donner tout entier au ministère paroissial. Pour l'ancien missionnaire de Robinsonville c'était une vie nouvelle, cette existence calme, monotone, sans à-coup ni surmenage, du curé de campagne en France. Elle lui était favorable, mais elle ne put mâter sa nature faite pour le travail violent et une incessante activité.

Rentrant un jour d'Orléans à Gémigny sur une voiture que

traînait un petit cheval, M. Crud voulut, à une côte assez rude, descendre pour alléger la voiture; l'animal déchargé activa son allure et laissa en arrière le conducteur. En s'efforçant d'arrêter le cheval, M. Crud tomba et se démit l'épaule. Remettre chez autrui une épaule luxée lui était facile, mais il ne pouvait tenter l'opération sur lui-même.

Mlle Zoé Crud, sa sœur, avait souvent assisté à ces opérations. Sur les instances et avec les indications précises de M. Crud, elle accepta de pratiquer celle-ci et ce fut un coup de maître. L'épaule remise et consolidée guérit en quelques jours. Huit jours après, un cultivateur se présenta au presbytère. M. Crud était absent. Le cultivateur avait une cheville déboîtée. Mlle Crud, encouragée par son premier succès, demanda l'aide d'un voisin et remit en quelques minutes le pied démis. La réputation des « guérisseurs » commença à se répandre dans le voisinage et les infirmes arrivèrent bientôt en nombre au presbytère de Gémigny.

Dès ce moment commença à se manifester la jalousie du corps médical, qui pendant des années apparaîtra à l'encontre des œuvres de M. Crud et s'efforcera de les étouffer. Ce fut le cas d'un médecin du voisinage. Il ne savait rien en orthopédie que les « erreurs absolues » qu'on lui avait enseignées et il eût été très humilié de passer pour un « rebouteur ». Mais à côté de lui deux rebouteurs émérites, que ce titre n'humiliait pas, se manifestaient par des guérisons singulièrement heureuses et rapides. Il constatait ces guérisons; il les comptait, sans doute, car il estimait qu'elles lui auraient rapporté dans l'année plus de dix mille francs, s'il les avait opérées. Il est heureux pour les malades qu'ils aient le droit de choisir les guérisseurs et de négliger les autres.

Avec la vie active qu'il avait reprise et que lui imposait son tempérament, M. Crud avait repris les préoccupations, les projets et les soucis inséparables de ce genre de vie. Les névralgies à peine assoupies se réveillèrent et leur fréquence fit comprendre à M. Crud qu'il y avait urgence à leur appliquer le remède du repos absolu dans la paix et la solitude.

Avec l'agrément de l'évêque d'Orléans il quitta Gémigny et s'enferma dans la retraite qu'il avait choisie.

Les névralgies disparurent, mais la nostalgie des missions les remplaça et amena bientôt M. Crud à repasser la mer et à revenir dans l'Amérique du Nord, dont son cœur ne s'était pas détaché. Quelques années avaient tout changé : il ne retrouva plus la vie ardente et toujours en éveil du missionnaire qu'il avait vécue ; c'était partout le calme régulier du pasteur des âmes dans une paroisse paisible. Les postes étaient occupés par un clergé déjà nombreux. Missions et missionnaires étaient finis. M. Crud le comprit et, les névralgies aidant, il s'empressa de regagner la France pour n'en plus sortir. La divine Providence, une fois encore, déjouait ses plans et lui imposait les siens, avec une vocation qu'il avait cru répudier à jamais.

Résolution inefficace.

M. l'abbé Crud et sa sœur avaient résolu, en rentrant en France, de renoncer au reboutage que la loi française leur interdisait. Avaient-ils prévu que dans le diocèse d'Orléans, où ils revenaient, leur résolution serait battue en brèche par leur réputation de « guérisseurs » déjà bien établie ? Non, sans doute, car nous voyons, pendant plusieurs années, le frère et la sœur appliqués au ministère paroissial : lui, par une admirable régularité aux offices, un zèle soutenu pour la sanctification des âmes et un soin attentif à prêcher la parole de Dieu ; elle, toute dévouée à l'embellissement de l'église, à l'entretien des ornements et des vases sacrés, à la préparation des fêtes par des décorations et des chants artistiques et pieux ; tous deux, uniquement occupés du culte divin et du salut des âmes, oubliant qu'il y a près d'eux des infirmes qu'ils pourraient guérir.

Plusieurs années se sont écoulées depuis leur retour en France et il semble que ce dernier séjour en Amérique ait amorti dans l'Orléanais le souvenir des guérisons qu'ils y avaient opérées.

Les recommandations de Mgr Coullié, évêque d'Orléans, étaient sans doute pour une bonne part dans la résolution persévérante du frère et de la sœur. « Prenez garde, avait dit l'évêque à M. Crud, prenez garde ! Tout le monde n'a pas oublié vos succès orthopédiques et on vous guette ! » Si les médecins se souvenaient des guérisons de M. Crud et de sa sœur, les infirmes ne les avaient pas oubliées. Par d'incessantes sollicitations ils tentaient d'ouvrir la porte du presbytère où ils trouveraient le remède à leurs maux.

Le cœur et la charité firent leur œuvre et amenèrent insensiblement l'oubli d'une résolution que tout, au dedans d'eux et au dehors, combattait. Un infirme entra et fut guéri, puis deux, puis trois, puis ce fut une foule, et l'évêque d'Orléans se hâta d'intervenir. « Monseigneur, lui répondit M. Crud, ma sœur est seule coupable ; c'est elle qui traite les malades et les traite gratuitement. » M. Crud n'agissait que dans les cas assez rares où Mlle Crud ne pouvait seule suffire, et il n'était qu'un aide.

CHAPITRE DEUXIÈME

M. L'ABBÉ CRUD
A LA SELLE-EN-HERMOIS

Guérisons retentissantes.
La luxation congénitale de la hanche.
La Salle-en-Hermois en 1893-1894.
Le Syndicat médical du Loiret.

Guérisons retentissantes.

Mais en 1891-1892 se présentèrent plusieurs cas graves : celui du châtelain de Triguères, un autre d'un riche fermier de l'Yonne, enfin le cas particulièrement intéressant de Mgr Chabot, curé de Pithiviers.

Traitées par des praticiens diplômés, les trois victimes, désespérées par l'inefficacité des traitements, s'adressèrent à M. Crud, qui hésita et se fit solliciter. Le châtelain de Triguères, dans une partie de chasse, était tombé en franchissant un fossé et s'était démis une hanche. Trois docteurs aussitôt appelés l'avaient torturé une journée entière sans réussir à mettre en place la tête du fémur. Le blessé endurait d'atroces souffrances ; il envoya son gendre en superbe équipage à La Selle-en-Hermois pour solliciter l'intervention de M. Crud.

M. Crud céda et se laissa emmener à Triguères dans le

même équipage. Vingt minutes suffirent à M. Crud et à sa sœur pour opérer la luxation, et, la hanche étant remise en place, la douleur cessa instantanément. Le malade put jouir, pendant la nuit qui suivit l'opération, de dix heures consécutives d'un repos réparateur.

En se retirant, M. Crud avait dit au blessé qu'il l'attendrait le surlendemain au presbytère de La Selle-en-Hermois. Ce fut dès le lendemain que le malade en personne et dans son bel équipage apporta à l'habile guérisseur la preuve de sa guérison et l'expression de sa reconnaissance.

Cette guérison, que le sujet et les circonstances avaient faite retentissante, n'était pas sans donner quelque inquiétude à M. Crud. Trois docteurs recevaient, par son fait, un brevet public d'incapacité, et la mise en scène de l'équipage ajoutait à la publicité un caractère particulier où l'on pouvait voir de la provocation. Il se demandait ce que l'évêché penserait de cet éclat, quand arriva au presbytère le fermier de l'Yonne.

Cet homme avait eu la cuisse cassée. Le plus habile chirurgien de la contrée l'avait emplâtrée après avoir placé l'os fémoral en raccourcissant de quatorze centimètres. M. Crud hésita moins cette fois à intervenir. Ce ne fut pas sans peine pour lui-même et sans douleur pour le patient qu'il remit en place le fémur déjà ankylosé.

Par les circonstances dans lesquelles ces deux guérisons avaient été opérées, la comparaison se présentait d'elle-même à l'esprit entre l'habileté de l'empirique et l'impuissance des praticiens diplômés. Il devait en résulter une animosité plus grande du corps médical contre les pratiques d'un homme qui le déconsidérait. Elle se produisit en effet; mais en même temps un contrepoids, une compensation apparut et ce fut le commencement du retentissement extraordinaire qui bientôt allait se répandre par toute la France.

Maintenant qu'il était hors de doute que M. Crud en personne et ouvertement pratiquait les plus graves opérations, au mépris de toute prudence et même des défenses plus ou moins formelles qui lui avaient été faites, le guérisseur inquiet attendait de jour en jour un blâme mérité et sévère de son évêque. Ce ne fut pas un blâme, ce fut un malade que Monseigneur Coullié lui envoya.

Le curé de Pithiviers, Mgr Chabot, dans une chute qu'il avait faite en Palestine, avait eu un bras complètement déboîté. Mal soigné à Jaffa, il rentrait dans sa paroisse incapable de remplir les fonctions du ministère. Les médecins de Pithiviers étaient unanimes à prescrire l'amputation du bras pour sauver la vie du patient. Mais l'amputation c'était l'infirmité définitive et l'incapacité de reprendre les fonctions sacrées.

Mgr Chabot vint exposer à son évêque la douloureuse situation dont le menaçait la décision des médecins. Tranchant d'un mot la difficulté, Mgr Coullié lui dit : « Allez à La Selle-en-Hermois, l'abbé Crud vous guérira. »

En quelques jours le bras fut rétabli. Mgr Chabot reprit et il continue son ministère.

Sans scrupules désormais et au grand jour, M. Crud, s'autorisant de la licence que lui avait value le cas de Mgr Chabot, accueillit tous les infirmes qui se présentèrent, et le mouvement, déjà considérable, des malades augmenta rapidement et dans de grandes proportions. Ce fut ce mouvement qui amena l'étude et la découverte du traitement de la luxation congénitale de la hanche. Une note rédigée par M. Crud nous donne la genèse de cette découverte. Nous la reproduisons textuellement.

La luxation congénitale de la hanche.

« Dès cette année (1892) l'affluence fut très grande au presbytère de La Selle, et cette énorme clientèle avait rendu le frère et la sœur si sûrs de leur traitement qu'ils pouvaient dire d'avance au malade ou à ses parents le temps qu'il faudrait pour le guérir, ou le degré d'amélioration qu'il pourrait obtenir, car en orthopédie comme ailleurs, s'il n'y a pas toujours possibilité de guérir, il y a toujours possibilité d'améliorer.

« Mais dans leurs travaux une chose surtout les préoccupait ; c'était la guérison de la coxalgie et des luxations congénitales des hanches.

« Ils savaient que tous ceux qui avaient essayé avant eux avaient complètement échoué, à l'exception de quelques enfants peu déformés.

« Ils avaient déjà rétabli quelques déhanchés par des mouvements de traction ou d'abduction, mais ces opérations ne se maintenaient pas.

« On leur amena un jour deux enfants de Montargis, une fillette de six ans déhanchée des deux côtés et une autre du même âge avec coxalgie très avancée.

« Ils avaient compris que le bandage ne suffisait pas pour empêcher la rechute.....

« La première opération fut admirablement réussie.

« L'opération de la petite coxalgique ne fut pas plus difficile ; car la coxalgie, quoi qu'en pensent les médecins, n'est que la luxation de la hanche à sa période inflammatoire. Enlevez la cause, c'est-à-dire la luxation, vous supprimez par là la cause des abcès qui se produisent. C'est ce qui eut lieu pour la fillette coxalgique. Après un pansement des deux abcès suppurants, on fit l'opération de la hanche qui, remise dans sa cavité naturelle, guérit aussi vite que celle de la voisine, et après neuf jours d'immobilisation tous les abcès avaient disparu et ne revinrent jamais.

« L'opération de la hanche luxée en avant est un peu plus compliquée que celle de la luxation en arrière et ne peut s'expliquer assez clairement qu'en voyant les mouvements de l'opérateur.

« Enfin le frère et la sœur avaient découvert ce que les facultés de médecine cherchaient depuis si longtemps. C'était en 1892. »

La Selle-en-Hermois en 1893-1894.

Le bruit de cette découverte se répandit avec une extraordinaire rapidité non seulement en France, mais encore dans les nations voisines, en Afrique, en Autriche, en Russie, en Egypte, au Tonkin, dans les deux Amériques.

Enorme fut bientôt l'affluence des infirmes au presbytère de M. Crud. Les journaux d'alors en donnent d'intéressantes descriptions. Nous empruntons au *Gaulois* du 22 janvier 1895 les impressions d'un touriste :

« En entrant dans un petit village pour y prendre quelque renseignement, un spectacle étrange s'offrit à nos yeux.

« Le temps était doux et calme; un beau, mais pâle soleil d'automne répandait sur la nature la mélancolie propre à cette saison, et pénétrait dans la rue principale de ce village que nous dominions, car une petite côte est à descendre pour arriver au centre ; nous apercevions une foule de femmes, d'enfants, de jeunes hommes qui se promenaient à pas lents en s'appuyant sur deux longs bâtons blancs. Les uns faisaient une longue course, les autres quelques pas seulement, venaient s'asseoir, puis recommençaient.

« La curiosité l'emportant, nous fîmes avancer notre cheval lentement pour ne pas blesser ni même effrayer ces curieux habitants et nous avisâmes l'auberge de l'endroit.

« L'hôtelier étant bavard et tout le monde nous apportant des détails, nous fûmes bientôt renseignés.

« C'étaient les malades de l'abbé Crud.

« Au moment où l'hôtelier nous montrait le joli presbytère

placé à l'ombre du clocher avec son toit de tuiles, ses murs blancs couverts de pampres, l'abbé Crud en sortait.

« C'est un homme de soixante ans environ, l'œil profond ; l'ensemble de la physionomie respire une grande bonté et une volonté énergique. Il s'avançait, une canne à la main, et de toutes parts on l'entourait pour lui demander un avis, un conseil ; chacun recevait une bonne parole, mais lui ne s'arrêtait pas ; suivi de sa sœur, qui portait au bras un grand panier débordant de bandes de toile blanche et d'éclisses en bois, il semblait pressé.

« — Les braves cœurs, nous dit la mère d'un jeune malade, les voilà partis faire des opérations jusqu'à huit heures du soir (il était quatre heures), après avoir opéré toute la matinée et donné des consultations de une heure à quatre heures, et cela sans même chercher à savoir la situation ou la religion de ceux qu'ils guérissent.

« — Mais les médecins doivent être jaloux ?

« — Pourquoi le seraient-ils, nous répondit-on, puisqu'ils soignent ceux auxquels ils ne peuvent rien faire ? Allez chez eux et vous verrez une pièce remplie de béquilles, de corsets, de jambes de fer, ex-voto de malades qui n'en ont plus besoin. »

« Nous étions stupéfaits ; mais nous le fûmes bien davantage lorsqu'on nous fit parcourir le village.

« Toutes les maisons étaient transformées en véritables campements. Là où il y avait d'ordinaire deux habitants, il y avait en plus trois à cinq personnes opérées ou qui étaient en convalescence, des lits dans tous les coins, des matelas par terre, etc., les salles de bal, encore enguirlandées des fêtes anciennes, transformées en dortoirs d'hôpital.

« Cela durait depuis deux ans, c'est-à-dire qu'il était passé dans le village plus de quatre mille infirmes.

« Tous étaient venus, soignés depuis des années ou abandonnés par nos sommités chirurgicales de Paris et de province ou ayant passé par des hôpitaux spéciaux, pour des luxations de naissance ou récentes des bras et des jambes, des ankyloses de toutes natures, pour toutes ces terribles maladies des hanches surtout qui, sous le nom de coxalgie, tiennent ces petits êtres que nous aimons tant cloués dans des instruments de supplice appelés gouttières ou autres appareils d'où ils sortent pour ne plus jamais marcher et vivre d'une vie incomplète et misérable.

« Et aux questions que nous posions, intéressés au possible par tout ce que nous voyions, les malades et leurs parents répondaient par un concert unanime de louanges pour celui qui, enfin, avait su mettre un terme à leurs souffrances, et cela simplement, sans y chercher le moindre profit ou la plus petite satisfaction d'amour-propre ; ils ajoutaient qu'on n'avait jamais vu quelqu'un venir sans être complètement guéri ou presque guéri.....

« La note parue ces jours-ci au *Gaulois* a fait revivre tous ces souvenirs, et comme devant plusieurs personnes nous racontions les choses étonnantes que le hasard nous avait fait rencontrer, quelqu'un rappela qu'un grand chirurgien lui avait dit :

« Ce n'est pas une statue de bronze qu'il faudra élever à
« celui qui trouvera la guérison de la luxation congénitale,
« mais une statue en diamant ! »

« Cet homme existe et les lecteurs de ce journal, où l'on aime les bonnes causes et les braves gens, le connaissent maintenant. »

« La Ferté. »

Le Syndicat médical du Loiret.

Pendant que la géniale découverte de la guérison de la luxation congénitale des hanches soulevait dans toute la

France une acclamation unanime d'admiration et de reconnaissance, le Syndicat médical du Loiret, qui n'était pour rien dans cette découverte, manifestait ses loyaux et généreux sentiments dans une monumentale pétition. Adressée à l'évêque d'Orléans, alors Mgr Touchet, et au préfet du Loiret, la pétition réclamait de l'une et de l'autre puissance qu'il fût interdit à M. l'abbé Crud de guérir illégalement les boîteux et les coxalgiques.

Nous ne connaissons que la substance de la pétition; les réponses ne nous sont pas parvenues. Mais l'Evêque et le Préfet, gens d'esprit et de bonne éducation, n'ont pu donner qu'une réponse : « Messieurs du Syndicat, vous ignorez la guérison de la luxation congénitale et de la coxalgie. Prenez le temps de l'apprendre. Mais, comme il ne convient pas de faire attendre les malades, M. Crud, qui seul aujourd'hui connaît cette guérison, continuera d'en faire bénéficier nos infirmes, en attendant que vous complétiez votre instruction médicale en défaut. »

La pétition, ne pouvant étayer ses raisonnements par le sentiment, faisait appel à l'intérêt. M. Crud refusa de la discuter. A l'Evêque, qui lui demandait ce qu'il fallait répondre aux médecins : « Rassurez-les, dit-il, je vais leur donner pleine satisfaction. Dès lundi prochain, le docteur Colombe, qui me couvre de son diplôme, ma sœur et moi nous nous installerons à Sens, dans un vaste local aménagé pour recevoir un grand nombre de malades. Mgr l'Archevêque a bien voulu me permettre d'organiser une chapelle dans notre Institut pour y célébrer la Sainte Messe, y conserver le Saint-Sacrement et y faire les offices du dimanche. Quand vous m'avez appelé, Monseigneur, je préparais ma démission de curé de La Selle-en-Hermois, que j'ai l'honneur de vous remettre. »

Pl. VII.

Mlle Zoé ALLARD-CRUD

CHAPITRE TROISIÈME

L'INSTITUT ORTHOPÉDIQUE DE SENS

Le choix.
La période triomphale de l'Institut de Sens.
Une visite à l'Institut orthopédique.

Le choix.

L'hostilité croissante du corps médical du Loiret venait de se trahir dans les menaces de la pétition. Ces gens, que l'intérêt d'abord et l'amour-propre ensuite aiguillonnaient, iraient jusqu'au bout ; M. Crud ne pouvait s'y tromper. Il avait donc en perspective des poursuites en police correctionnelle pour exercice illégal de la médecine. Cette juridiction, que le Syndicat avait choisie, offrait peu de chance de succès à M. Crud qui, pour plus d'une raison, la redoutait. Avec sa perspicacité et son esprit de décision il prit le seul parti qui convenait dans la situation toute nouvelle que sa découverte venait de lui faire. Fort de la réputation presque mondiale qu'elle lui avait acquise, soucieux de conserver à l'Eglise le bénéfice de cet immense bienfait qu'il venait en son nom d'offrir à l'humanité, M. Crud n'avait pas eu un moment d'hésitation. Quitter le ministère paroissial et fonder pour les infirmes un Institut orthopédique où serait pratiquée sa méthode : cette double opération, nous venons de le voir, n'arrêta pas longtemps ses réflexions. Plusieurs semaines avant la communication que lui fit Mgr Touchet des menaces du corps médical, le docteur Colombe, sur les indications de M. Crud, avait loué à Sens un vaste local, bâtiment principal d'un ancien hospice transformé depuis longtemps en maison de campagne et presque abandonné depuis quelques années.

Le logis étroit et long, composé d'un rez-de-chaussée, d'un premier étage et de mansardes couvertes en vieilles tuiles, est sis entre cour et jardin.

Assez vaste, très aéré, bien exposé, il fait face à la rivière; des huit fenêtres, ouvertes à chaque étage, dans la façade du couchant, la vue s'étend jusqu'aux coteaux qui limitent la pittoresque vallée de l'Yonne. La façade du levant domine un grand jardin entouré de murs et coupé d'allées droites au sol battu.

Par delà le jardin s'élèvent quelques maisons neuves bâties en bordure d'une rue nouvelle.

L'Institut proprement dit se compose d'un dortoir de trente-cinq lits, de salles de consultations, d'opérations et d'attente, d'une lingerie et d'une pharmacie, de cuisines et de débarras.

C'est là que s'installèrent, à la fin de novembre 1894, M. Crud et sa sœur et le docteur Colombe, directeur légal de l'Institut.

M. Crud avait arrêté son choix et appartenait désormais aux déshérités de la nature auxquels il prodiguera, au prix des travaux les plus accablants que supportera sans fléchir sa verte vieillesse, les trésors d'un cœur inépuisable et d'une science d'autant plus modeste qu'elle était plus sûre d'elle-même.

Le succès ne se fit pas attendre.

La période triomphale de l'Institut de Sens.

Dès la première semaine, le local envahi par les malades apparut insuffisant; un riche propriétaire offrit gratuitement aux orthopédistes un appartement assez vaste pour contenir une vingtaine de lits ; et le nombre des clients augmentait toujours. Il fallut louer d'autres immeubles dans la rue Chambertran et sur le quai de l'Yonne. Au mois de janvier quatre-vingts malades étaient logés. On établit alors la règle que les opérés de coxalgie ou de déhanchement laisseraient la place aux arrivants et se procureraient une pension dans la ville pour le temps qu'exigerait encore leur traitement. Au commencement du printemps de 1895, il y avait dans l'Institut, dans les hôtels et dans les diverses communautés de la ville plus de quatre cents infirmes en traitement.

M. l'abbé Crud, Mlle Crud, le docteur Colombe et quatre religieuses de la Providence étaient seuls en 1895 pour accomplir un labeur écrasant. Les opérations qui se faisaient journellement à l'Institut de Sens étaient extrêmement variées : luxations, coxalgies, foulures, paralysies infantiles, déviations vertébrales réputées inguérissables, pieds bots, étaient soignés avec un merveilleux succès.

De six à douze grandes opérations étaient faites chaque jour sur les tables de la clinique. Plus de cent cinquante convalescents, petits infirmes ou blessés étaient examinés, massés, « reboutés » de huit heures du matin à neuf heures du soir.

Dès l'année suivante (1896), il devint nécessaire d'augmenter le personnel et d'organiser l'administration de l'Institut. Le docteur Colombe avait quitté Sens où le docteur Bénard prit sa place. Il y eut un temps d'arrêt dans le fonctionnement de l'Institut par le fait du docteur Bénard. On put craindre un moment la ruine irrémédiable de l'œuvre. Nous raconterons plus loin les circonstances de cette épreuve. Mais, quand M. Crud, propriétaire et non plus locataire, rouvrit l'Institut, les malades s'y précipitèrent comme à l'assaut.

Le célèbre docteur Guermonprez, de l'Université libre de Lille, prit la direction légale de l'Institut de Sens, où M. Crud ramena tout son personnel un moment dispersé.

Quand M. Guermonprez dut quitter Sens, à la fin des vacances de 1896, pour reprendre ses cours à Lille, il se fit remplacer à Sens par un de ses anciens élèves, le docteur Salmon, qui s'adjoignit deux autres élèves de M. Guermonprez, internes, qui ne tardèrent pas à obtenir leur diplôme à la Faculté de médecine de Paris.

Le personnel de l'Institut de Sens se composa alors de M. l'abbé Crud et de Mlle Crud, du docteur Salmon, directeur légal, des docteurs Douvrin et Chantrel, de trois masseurs, de sept religieuses de la Providence, d'un chef de cuisine et de ses aides, d'un teneur de livres, d'un caissier, des personnes du dehors chargées du lavage et du repassage, en tout un nombre moyen de trente-trois personnes.

Les dépenses étaient considérables ; mais les recettes, régularisées par un tarif très modéré, établi dès le début de l'Institut, en 1894, atteignaient un chiffre important.

Un jour, chaque semaine, était consacré aux consultations et aux opérations gratuites des indigents. Tout travail cessait le dimanche.

Parmi tant d'infirmes, personne ne se plaignait de l'exagération du tarif; il n'était pas rare que les parents, dans la joie de voir leurs enfants guéris, doublassent la somme réclamée par le caissier.

Le travail devint tel, par l'affluence des malades, qu'il fut nécessaire d'établir un ordre rigoureux, de fixer des jours et d'y astreindre les infirmes pour n'être pas débordé. On répondait à chaque demande d'admission à l'Institut par un numéro d'ordre et une date. Nombre de malades durent attendre des mois et des mois avant de se présenter.

Ces précautions ne diminuaient pas la charge que M. Crud, personnellement, avait assumée. La correspondance lui imposait une cinquantaine de lettres par jour. Il ne pouvait qu'annoter à la hâte chaque réponse, que rédigeait une dame secrétaire, et que le soir il signait. Debout dès quatre heures tous les matins, il disait son bréviaire et la messe et se rendait à la salle d'opérations, opérant presque toujours lui-même avec l'aide des médecins.

Mlle Crud avait pour spécialité le redressement de la colonne vertébrale où elle avait acquis une extraordinaire habileté. Tous les jours, depuis huit heures du matin jusqu'à sept heures du soir, elle redressait les cyphoses, les scolioses, les lordoses des innombrables bossus et déformés. Elle y employait, en outre des éclisses, de quinze à seize cents mètres de bandes, c'est-à-dire pour cinquante à soixante francs de coton écru roulé en bandes de dix centimètres, chaque jour. Cinq ou six personnes lui étaient nécessaires pour préparer les bandes et les coudre après le pansement. Le reste du personnel était occupé avec M. Crud aux opérations des luxations congénitales des hanches, aux massages préparatoires, aux exercices et mouvements divers qui suivaient les opérations.

Les sœurs et plusieurs garde-malades s'occupaient des opérés dans leurs lits pendant les quelques jours d'immobilisation.

Une visite à l'Institut orthopédique de Sens.

Le récit que nous reproduisons fut publié par le *Patriote Orléanais* dans ses numéros des 3 et 4 décembre 1896.

Nous ne donnons de ce récit que les faits et appréciations intéressants pour nos lecteurs.

« J'arrive de Sens, écrit M. Léon Dumuys, où m'avait attiré la présence d'un jeune parent en traitement à l'Institut orthopédique récemment fondé dans cette ville par M. l'abbé Crud, ancien curé de La Selle-en-Hermois (Loiret).

« J'ai vu là-bas, sur les bords de l'Yonne, des choses si

intéressantes que je me suis promis d'en faire part à mes compatriotes.

« Je n'ai pas l'intention d'ouvrir ici, sous prétexte de « Causerie scientifique », un cours d'orthopédie ; cette savante besogne serait au-dessus de mes forces, les questions chirurgicales ne sont pas de ma compétence.

« Je vais tout simplement raconter ce que j'ai observé dans les rues, les faubourgs, sur les quais et promenades de la ville de Sens, et cela suffira, je crois, pour intéresser.

« La première chose qui frappe mes regards à la descente du train, c'est cette inscription reproduite d'une façon très apparente sur nombre d'omnibus rangés au long du trottoir : « Service de l'Institut orthopédique. »

« A peine sorti de la cour de la gare, je vis une grande enseigne portant ces mots : « Hôtel Vauban. Pension spéciale pour les convalescents de l'Institut orthopédique. »

« Chemin faisant, mes yeux rencontrèrent, sur de hauts pignons blancs, d'autres inscriptions en grosses lettres noires destinées à attirer de très loin l'attention des mêmes convalescents et de leurs familles.

« — Pardon, monsieur, le quai du Hameau, s'il vous plaît? dis-je au premier passant que je rencontrai en arrivant au pont jeté sur le petit bras de l'Yonne.

« — C'est l'Institut orthopédique que vous cherchez ?... Suivez cette rue, traversez le grand pont et tournez à main droite ; vous le trouverez ensuite fort aisément.

« En effet, quand j'arrivai à l'extrémité du grand pont, j'aperçus une véritable procession d'hommes, de femmes, d'enfants aux mises très diverses, escortés généralement de parents, d'amis ou de domestiques. Tous, plus ou moins boiteux, s'aidaient, pour marcher, de deux longs bâtons blancs, semblables à des queues de billard, mais largement garnis de velours à leur extrémité supérieure et munis d'embouts de caoutchouc destinés à les empêcher de glisser sur le sol. Tous les malades se servaient de leurs soutiens de la même façon, non comme d'une canne, non comme de béquilles, mais comme de bâtons de montagne.

« Ici, c'était un pauvre enfant de cinq à six ans, à la mine souffreteuse, qui progressait péniblement, soutenu par sa mère ; il s'arrêtait à chaque instant, fatigué de ses efforts, s'arc-boutait sur ses deux étais, tout en s'appuyant, autant qu'il le pouvait, sur ses deux jambes fluettes et inégales; après un temps d'arrêt, il repartait courageusement pour accomplir une nouvelle étape de vingt ou trente pas !...

« Là, c'était une grande jeune fille bien mise, fraîche, à la physionomie souriante, un peu plus allante que le petit garçon, mais comme déhanchée, claudicant elle aussi, et accompagnée par une sœur de la Charité.

« De loin en loin, d'autres boiteux étaient assis au soleil, qui sur un banc, qui sur une borne, et ces pauvres gens, exténués sans doute, tout en se reposant, les bâtons placés entre les jambes et appuyés sur l'épaule, suivaient avec un visible intérêt les exercices progressifs de leurs confrères en infortune.

« Bref, tout le long du quai s'échelonnaient des groupes d'infirmes heureux d'essayer leurs forces, d'aller, de venir, de respirer l'air pur, de se réchauffer un peu aux pâles rayons du soleil d'hiver.

« Et puis il en arrivait encore, de plus vaillants ceux-là, des rues excentriques et des larges allées du cours Tarbé, qui vient aboutir au quai du Hameau, après avoir longtemps suivi les vieux remparts, et comme l'heure du déjeuner approchait, presque tous se dirigeaient vers l'Institut ou les maisons qui lui servent d'annexes.

« D'où vient, me direz-vous, cette affluence extraordinaire de gens infirmes, d'estropiés, qui donne en ce moment à la ville de Sens l'aspect d'une station balnéaire et à son quartier sud celui d'un vaste hôpital?

« Ni source merveilleuse, ni somptueux sanatorium... Seulement, c'est là que M. l'abbé Crud et sa sœur se sont fixés depuis le mois de décembre 1894. Leurs nombreux succès sont maintenant si connus en France et à l'étranger qu'on vient à eux des quatre coins du monde.

« M. l'abbé Crud et sa sœur n'habitent pas dans l'Institut, mais dans une petite maison voisine à laquelle on donne le nom de presbytère. Une minuscule chapelle est installée dans les dépendances de cet immeuble. Le vénérable prêtre guérisseur y dit chaque matin la messe et les malades y peuvent accéder par une porte toujours ouverte sur le quai.

« Entrons dans le vestibule où se trouve le grand escalier qui dessert le premier étage. Les murs sont tapissés de corselets, de béquilles, de jambières, de brodequins garnis de lames d'acier, de bâtons, de gouttières laissés là par les malades définitivement guéris dont les noms sont inscrits sur des étiquettes jointes à leurs anciens instruments de torture. La collection commence à la porte d'entrée, suit les marches de l'escalier, garnit la cage presque jusqu'aux mansardes, et la place qui demeure libre pour recevoir les appareils à venir va diminuant chaque mois.

« Il est de pauvres estropiés par suite de chute, de coups, ou même de naissance auxquels M. Crud a rendu douze et quatorze centimètres de jambe sans opération sanglante, simplement à l'aide de tractions, de frictions, de ligatures.

« On m'a montré, à Sainte-Geneviève-des-Bois, un jeune homme de 17 à 18 ans dont l'habile opérateur a, tout à la fois, redressé la colonne vertébrale et rallongé la jambe atrophiée. — *(A suivre).* »

Dans le numéro du 4 décembre 1896 nous trouvons de nouveaux détails :

« J'ai tenu à me renseigner sur le nombre de voyageurs qu'attirait à Sens la clinique de M. l'abbé Crud, et j'ai appris que plus de trois cents étrangers se succédaient continuellement dans cette ville. Vous devinez si les hôteliers, commerçants, logeurs, voituriers sont aises de voir cet établissement prospérer. Tout autour de l'Institut des maisons sont déjà construites ou aménagées pour recevoir les « convalescents ». J'ai dit, en effet, qu'au bout de quinze jours, les opérés doivent, à moins de complications imprévues, céder à de nouveaux arrivants le lit qu'ils occupent soit dans le dortoir commun, soit dans les annexes de l'Institut.

« Il y a des inscrits qui attendent leur tour depuis six mois.

« La plupart des convalescents demeurent à Sens quinze jours encore après leur sortie de l'Institut, afin de pouvoir passer de temps à autre à la visite du médecin, de se faire masser ou soigner si leur état l'exige.

« J'ai entendu répéter en ville que cette foule sans cesse renouvelée de malades, de gardes, de parents et d'amis devait contribuer à grossir de « dix-huit cent mille à deux millions » le chiffre d'affaires du commerce local.

« J'ai dit en commençant qu'un docteur en médecine, M. Salmon, était présentement attaché à l'Institut orthopédique fondé par M. l'abbé Crud. Mais ce jeune médecin n'est pas seul à représenter en ce lieu la science officielle chargée de contrôler « l'empirisme » du guérisseur. Chaque samedi, M. le docteur Guermonprez, professeur de médecine à l'Institut catholique de Lille, vient à Sens pour se rendre compte du résultat des opérations faites par M. et Mlle Crud, étudier leur méthode, se familiariser avec leurs tours de main professionnels et s'associer à leurs travaux.

« Je ne suis plus jeune, me disait le vénérable abbé, ne faut-il pas que nous songions à l'avenir et que nous fassions des élèves ? »

« Dès lors M. Crud préparait la fondation à Lille d'un Institut semblable à celui de Sens.

« Le savant professeur lillois amenait à Sens quelques-uns

de ses meilleurs élèves, afin de les mettre à même d'étudier sur place la séduisante méthode du « bon curé ».

« Au cours de ses travaux apostoliques, M. Crud avait eu maintes occasions de mettre à profit les notions qu'il avait reçues du chirurgien Prévost, son oncle. Il s'était formé comme inconsciemment à la pratique médicale.

« Peut-être cette science acquise fut-elle puissamment aidée par un don naturel ; le fait ne serait pas sans exemple.

« Ce qu'il y a de certain, c'est qu'en moins de deux ans la clientèle était devenue si considérable qu'elle le mit dans l'obligation de choisir entre le ministère paroissial et le service des infirmes, et qu'après la fondation de Sens elle le poussait maintenant à créer un nouvel Institut orthopédique à Lille. »

CHAPITRE QUATRIÈME

LES DÉMÊLÉS DE M. L'ABBÉ CRUD AVEC LES DOCTEURS

**Difficultés intérieures : Le docteur Colombe.
Le docteur Bénard.**

Difficultés intérieures : Le docteur Colombe.

Dans une note intitulée : « Mes démêlés avec les docteurs », M. l'abbé Crud dit : « Ils ne m'ont pas manqué. » Comme tous les triomphes de ce monde, celui de M. Crud à Sens avait-il plus d'apparence que de réalité ? Tout le ferait croire si l'on ne savait que les œuvres sont assaillies, quand elles sont vraiment et surnaturellement bonnes, par tous les efforts dont l'esprit du mal est capable contre le bien et ses divines inspirations.

Les démêlés de M. Crud avec les docteurs furent intérieurs et extérieurs, les premiers plus pénibles et plus dangereux que les seconds : *Toute maison divisée contre elle-même croulera.*

Les orthopédistes s'étaient installés à Sens avec confiance et entrain, et la besogne, très lourde dès le premier mois, était menée avec une grande ardeur. Le directeur légal, docteur Colombe, qui avait trouvé le local et en avait réglé l'aménagement, s'était réservé le soin d'établir le tarif de l'Institut,

« opération, disait-il, la plus importante, parce que la plus utile. » On ne pouvait plus sans imprudence ne compter que sur la générosité des clients. Des dépenses considérables : location et entretien du local, achat et conservation du mobilier, traitements du personnel et faux frais de toute nature devenaient inévitables et réclamaient des ressources régulières.

Le tarif fut établi avec une grande modération.

Malgré la modicité des recettes individuelles et grâce au nombre toujours croissant des malades, quand il fallut bientôt augmenter le personnel, les immeubles et le mobilier, cette opération se fit aisément.

Alors surgit la première difficulté intérieure. Le docteur Colombe, qui avait dirigé l'installation et s'était réservé des appartements dans l'Institut, s'imaginait qu'il serait considéré comme le directeur principal de l'établissement et qu'à lui seraient adressées les demandes de consultations et d'opérations ; il n'en fut rien. Toutes les demandes s'adressaient à M. Crud et les malades ne voulaient que M. Crud et sa sœur pour les opérations. Le docteur en conçut une vive jalousie qu'il dissimula quelque temps et qui se manifesta bientôt par de fréquentes querelles. Il prit enfin le parti de quitter la maison pour fonder seul un établissement en Auvergne.

Le docteur Bénard, à qui le Dr Colombe cédait sa place pour trois mille francs, vint offrir à M. Crud de le couvrir de son diplôme.

Le docteur Bénard.

Le traitement alloué au directeur légal était très élevé ; le docteur Bénard l'accepta avec empressement et fut pour l'Institut le directeur idéal. Ne connaissant rien des spécialités traitées par M. Crud, il laissait tout faire sans jalousie ni prétention à diriger le travail. Immobile dans son fauteuil, il n'en sortait que pour rendre les services qui lui étaient demandés. Ni observations, ni critique sur les opérations dont il était l'impassible témoin, sans le moindre désir de s'instruire ; il passa une année dans cette immobilité muette dont M. Crud et sa sœur bénéficièrent pour la rapidité et le succès de leurs opérations.

Mais le docteur avait vu les recettes s'accumuler, les malades manifester une satisfaction unanime ; il avait entendu Mme Bénard, plus clairvoyante et plus ambitieuse que son mari, calculer les bénéfices annuels de l'Institut ; il acheta secrètement le local que M. Crud n'avait qu'en location.

Un jour qu'il travaillait avec M. Crud aux opérations ordinaires, un avoué se présenta apportant au locataire de l'immeuble l'avis que le docteur Bénard, devenu propriétaire de l'Institut, en prendrait la direction exclusive à la date du 1er juillet 1896. On était au 15 mai.

Six semaines restaient aux orthopédistes pour prendre un parti. Ils consultèrent, et sur-le-champ l'établissement fut fermé. Le prétexte de prendre un temps de repos ne trompa personne que le docteur, qui lança ses réclames dans toutes les directions.

Pendant que circulaient à vide les omnibus de Sens qui faisaient le service de l'Institut, M. l'abbé Crud recevait de Lyon, de Lille et des environs de Sens les appels les plus pressants.

Un riche propriétaire du faubourg de Canteleu-lez-Lille offrit un vaste terrain où l'on pourrait bâtir un grand établissement pour trois cents malades, dans un beau quartier, aux portes de la grande ville. Les plans furent dressés sans retard et la construction commença.

Les plans étaient acceptés et les papiers signés quand une dépêche du docteur Bénard vint offrir à M. Crud de lui vendre l'Institut de Sens au prix coûtant. M. Crud accepta. C'était pendant les vacances scolaires. Huit jours après le retour de

M. Crud et de sa sœur, l'Institut et ses annexes étaient remplis de malades. Le docteur comprit trop tard qu'un diplôme ne suffit pas pour inspirer confiance, parce que la confiance ne s'improvise pas.

Le docteur Guermonprez avait atteint son but. Lille aurait l'Institut orthopédique de M. Crud. Mais les travaux devaient durer deux ans. Ce fut donc un coup providentiel qui remit dans les mains de M. Crud l'établissement de Sens, dont la prospérité rétablie couvrit pendant deux ans les lourdes dépenses de Lille.

Le docteur Guermonprez voulut se charger de l'établissement de Sens pendant les vacances scolaires et il appela le docteur Salmon, qui prit le titre de directeur légal. Pendant les quelques mois de son séjour, la réputation et l'entrain du docteur Guermonprez portèrent l'Institut à son apogée. Une grande fête fut offerte aux orthopédistes avec de magnifiques présents. A ce moment, les places étaient disputées en telle abondance que les inscrits ne pouvaient espérer d'être admis avant huit mois.

Malgré leurs préventions, les médecins, en grand nombre, venaient voir les travaux et surprendre quelques-unes des spécialités des opérateurs. Ce fut alors que l'on vit à Sens le docteur Gilles, de Marseille, et le docteur Calot, de Berck.

Pour ne pas exposer leur méthode à tomber entre des mains inhabiles, les orthopédistes de Sens n'admettaient ni parents, ni étrangers aux opérations des hanches et de la colonne vertébrale. Mais ils laissaient voir les exercices et traitements consécutifs à l'opération des coxalgies ou des luxations congénitales. Cette mesure d'élimination prudente provoqua les observations aigres-douces du Mémoire Gilles et peut expliquer les divergences qui différencient les méthodes Crud et Calot. Le secret des opérations de Sens n'était que relatif. Avec les docteurs Colombe, Bénard, Guermonprez, Salmon, Douvrin et Chantrel, qui participaient aux opérations et quelquefois les firent eux-mêmes d'après les indications de M. Crud, on pourrait citer un certain nombre de docteurs, témoins attentifs des procédés de M. Crud, qui tentèrent de les employer sur leurs clients. Nombreux furent aussi, dans le même temps, les médecins et chirurgiens qui amenèrent à Sens leurs enfants infirmes et furent admis à suivre le traitement qu'exigeait le malade. Nous avons dit et nous aurons occasion de redire les causes réelles des récriminations du docteur Gilles et des différences que maintient, entre sa méthode et celle de M. Crud, le docteur Calot.

En cette année 1897, ce fut à l'Institut de Sens la paix profonde dans un travail ardent, l'apogée du triomphe de M. Crud.

Difficultés extérieures : Démêlés avec les docteurs.

Inspiré par les mêmes sentiments que le Syndicat du Loiret, le Syndicat médical de l'Yonne introduisit une action en police correctionnelle contre M. Crud et le docteur Colombe, directeur légal de l'Institut de Sens. Appelés deux fois devant le juge d'instruction, les prévenus démontrèrent que tout se passait légalement, les parents des malades déposèrent unanimement en faveur des prévenus et le juge laissa tomber l'affaire.

Cet échec de 1895 n'avait fait qu'aviver l'animosité des médecins de l'Yonne contre l'Institut de Sens, mais la crainte d'un nouvel échec les retint jusqu'à la fin de l'année 1898.

Une société plus puissante, la Société générale de Chirurgie de France, suivait les progrès de l'Institut avec une jalousie non dissimulée. M. Crud n'était, pour les membres de cette Société, qu'un empirique employant des procédés mystérieux. Ils portèrent au docteur Guermonprez le défi de les faire assister aux opérations de M. Crud, qui, prétendaient-ils, refuserait de les recevoir, s'ils se présentaient. Avertis de leur dessein, le docteur Salmon et M. Crud s'empressèrent de leur donner l'assurance qu'ils pouvaient se présenter sans crainte, qu'ils seraient les bienvenus...... Ils ne vinrent pas.

Anéantir l'Institut était leur but ; et pour l'atteindre ils prétendaient que M. Crud faisait seul les opérations, que les docteurs n'étaient là que pour sauver les apparences et couvrir de leur diplôme une illégalité. Une action fut introduite en police correctionnelle contre M. Crud pour exercice illégal de la médecine, et contre le docteur Salmon, directeur responsable de l'Institut. Le moment avait été choisi, c'était l'époque du transfert à Lille de l'Institut de Sens et du mécontentement général de la population sénonaise causé par ce départ. Ce fut à Sens que s'ouvrit le procès.

Le droit et la loi n'étaient pas douteux. La découverte du traitement des luxations et de la coxalgie appartenait à M. Crud. Elle était approuvée sans réserve par les médecins diplômés qui l'avaient étudiée et qui l'appliquaient avec plein succès. Rien ne se faisait à l'Institut qui ne fût soumis à l'approbation, à la surveillance et au contrôle du directeur légal.

Il fut bientôt évident que l'affaire était jugée d'avance, quand, avec une singulière persistance, la même question fut posée à tous les témoins : « Qui vous a opéré ? » Les témoins, qui n'étaient venus à la clinique qu'à cause de M. Crud ou de sa sœur, répondaient invariablement : « C'est M. l'abbé qui m'a opéré et qui m'a guéri. »

Pour appliquer la lettre de la loi, il n'en fallait pas davantage au tribunal de Sens.

Un directeur légal, qui surveille si peu les aides qu'il emploie que tous les malades confiés à leurs soins sont guéris, est évidemment digne d'une sévère condamnation, et les aides qui se permettent de guérir sans diplôme ne sont pas moins coupables. Ainsi jugea le tribunal.

Musée orthopédique de Canteleu-lez-Lille.

On pourrait croire qu'il voulait même, pour l'aide coupable, quelque peine plus forte que celle qu'il infligea au directeur légal. Deux incidents caractéristiques permettent de supposer cette singulière disposition d'un tribunal indépendant.

Un jeune Belge, ankylosé au coude depuis des années, avait été opéré par le docteur à une époque de grandes chaleurs. Il avait été recommandé au malade, logé en ville, de revenir le lendemain de l'opération. Il ne revint que le quatrième jour. Le bras fortement bandé s'était enflammé; la gangrène se déclara; il fallut amputer le bras. La négligence du jeune homme avait seule causé le mal. Le malade avait été endormi; il ne put rien dire, ni de l'opération, ni de l'opérateur. Une des religieuses, témoin de l'opération, est appelée : « Dites-nous franchement, ma sœur, que c'est bien l'abbé qui a opéré le bras ankylosé. » — « Non, Monsieur le Président, répond la religieuse, c'est le docteur. » — « Ceci, ma sœur, c'est un pieux mensonge. » Le masseur, interrogé à son tour, soutint également que le docteur avait fait l'opération. Le président irrité le renvoya à sa place comme menteur. *Mais ni la religieuse ni le masseur ne furent poursuivis pour faux témoignage.*

On cherchait un prétexte qui permit de frapper M. Crud pour blessure par imprudence dans l'exercice illégal de la médecine.

Me Dubron, un des avocats de la défense, dit alors à M. Crud : « Le procès est perdu ; vous avez entendu les juges ! »

Me Henri Robert appuya la remarque de son confrère.

Ils parlèrent quand même l'un et l'autre avec force et éloquence et chacun pendant plusieurs heures, mais sans espoir malgré la bonté de la cause, et sans confiance malgré l'intégrité des juges.

Les frais furent considérables : les témoins avaient été nombreux, les avocats étaient des célébrités. Une amende de cinq cents francs était infligée au directeur légal, une autre d'égale somme à M. l'abbé Crud, avec tous les frais solidairement. Un recours en appel n'offrait aux orthopédistes de Sens aucune chance de succès. Ils payèrent, et continuèrent à Lille leurs opérations de Sens et d'ailleurs, avec la seule précaution de n'opérer qu'en présence de témoins capables de voir et de prouver que tout se faisait légalement.

Le nombre des infirmes à Lille était sensiblement le même qu'à Sens. M. Crud, sa sœur, le docteur Salmon et les jeunes docteurs Douvrin et Chantrel avaient pris possession de l'Institut de Canteleu-lez-Lille dans le cours de juillet 1898.

CHAPITRE CINQUIÈME

L'INSTITUT MODÈLE
DE CANTELEU-LEZ-LILLE

Le départ de Sens et l'arrivée à Lille. — La retraite de M. l'abbé Crud.

Le départ de Sens, l'arrivée à Lille.

A Sens, on savait depuis longtemps qu'un institut orthopédique modèle se construisait à Lille, quand on apprit que M. Crud et sa sœur iraient s'y installer. L'instinct pratique du peuple ne se trompe guère sur la valeur des personnes en vue; si l'intérêt quelquefois l'égare, ce n'est pas pour longtemps. Personne à Sens ne se fit illusion sur les conséquences du départ de M. et de Mlle Crud. Ils étaient l'âme de l'Institut, qui ne vivrait pas sans eux. On voulut tenter l'impossible pour les retenir. Une pétition signée par des milliers de chefs de famille fut apportée à M. Crud par le maire de Sens accompagné de son premier adjoint. Ils n'étaient pas cléricaux, mais, avec la population sénonaise tout entière, ils comprenaient que le départ des deux orthopédistes allait tarir une source de richesse très abondante pour la ville. Ils insistèrent longtemps afin d'obtenir que le transfert fût retardé. Tout retard était impossible : le local achevé, le personnel très nombreux retenu, les lits et les chambres déjà promis à un certain nombre de malades s'opposaient même au moindre ajournement. Un espoir demeurait : M. Crud, propriétaire de l'ancien Institut de Sens, le relèverait dans quelques années, quand celui de Canteleu-lez-Lille, solidement assis, pourrait se suffire et se passer de la réclame encore indispensable du nom et de la présence de M. Crud.

Lille accueillit avec transport ses nouveaux habitants. Au nom de Mgr l'Archevêque, l'archidiacre de Lille procéda à l'inauguration solennelle de l'Institut. Quelques semaines plus tard, l'archevêque, lui-même, accompagné de Mgr Villiers, évêque d'Arras, vint visiter l'Institut, déjà rempli de malades en traitement.

Le premier jour des opérations, dix-sept infirmes de luxations congénitales avaient été opérés et une douzaine le lendemain; avec eux, dans ces mêmes journées, on opéra des pieds-bots, des membres déformés, des colonnes vertébrales déviées. Au mois de novembre s'ouvrit à Sens le grand procès de la Société générale de Chirurgie de France contre MM. Crud et Salmon. Il dura trois jours, sans interrompre les opérations de l'Institut de Lille, où les docteurs Chantrel et Douvrin continuèrent d'appliquer la méthode Crud avec intelligence et succès.

Au lieu d'affaiblir le prestige du célèbre empirique, il arriva que le procès de Sens rendit plus puissant et étendit davantage ce prestige extraordinaire, et bientôt la clinique de Canteleu-lez-Lille éclipsa toutes les autres par les guérisons merveilleuses qu'on n'obtenait nulle part ailleurs.

Faut-il croire qu'il est dans la nature des médecins de France d'être jaloux même des succès obtenus dans des spécialités qui leur sont étrangères ? En même temps que la Société générale de Chirurgie obtenait gain de cause contre MM. Crud et Salmon, un groupe de professeurs de la Faculté catholique de Lille se liguait contre eux et publiait dans ses journaux de médecine de malveillantes appréciations à leur adresse. Assurément ils furent peu nombreux ceux que le dépit de ne pouvoir guérir les coxalgiques et redresser les bossus poussa à ridiculiser les pratiques par lesquelles de plus savants et plus habiles qu'eux réussissaient à guérir de prétendus incurables. Quel besoin avaient ces spirituels persifleurs de publier ainsi leur ignorance ?

Un fait qui se passa à la clinique de Sens trouve ici sa place.

C'était en 1896, sous la direction légale du docteur Bénard. Appelé sous les drapeaux pour accomplir une période de treize jours d'exercices militaires, le docteur Bénard, directeur légal de l'Institut de Sens, avait pris comme intérimaire un tout jeune docteur de la Faculté de Paris.

Le nouveau diplômé, directeur par occasion, se rendit dès le matin à la salle d'opérations, et, avec un aplomb qu'il voulait rendre imposant, déclara que pendant les treize jours qui allaient suivre lui seul dirigerait tous les services ; à lui seul tout le personnel de l'Institut devrait obéir. On commençait les exercices orthopédiques du matin. Après les déclarations solennelles du docteur, Mlle Crud, qui refaisait le bandage d'un petit coxalgique, prit l'enfant dans ses bras et l'apporta tout déshabillé sur la table d'opération : « Docteur, dit-elle, voici une consultation à faire sur cet enfant de six ans. »

M. Crud, ses masseurs, les religieuses, le docteur Mangin, de Paris, des dames qui amenaient leurs enfants, etc., étaient là attendant la consultation du jeune diplômé. Le docteur, très sérieux, examina minutieusement le malade sans rien rencontrer d'anormal. Il tourne, revient, retourne encore....., rien toujours. Mais alors, avisant le père de l'enfant dans un coin de la salle, il va lui demander à l'oreille quelle est la maladie de son fils : « La coxalgie », répond le père, grave instituteur de l'Isère. « Nous sommes, dit le jeune docteur à l'assistance, en présence d'un cas très grave, un cas de coxalgie ; j'autorise, en qualité de directeur, M. l'abbé Crud à appliquer sa méthode. » — « Docteur, dit M. Crud, vous arrivez douze jours trop tard pour le cas présent. L'enfant était coxalgique il y a quelques jours ; depuis son opération il est complètement guéri, comme vous pouvez le voir. » L'enfant fut enlevé de la table et on lui ordonna de marcher. Sans la moindre apparence de claudication, il se mit à marcher et même à courir dans la vaste salle, à la grande hilarité des assistants. Humilié, confus, le jeune diplômé s'écria : « Je ne connais pas vos trucs, moi. Je ne suis pas un charlatan ! » Les bâtons des mamans se levèrent menaçants et le docteur s'esquiva, en criant ce dernier mot : « Arrangez-vous comme vous pourrez ; je ne reste pas ici. » Quelques docteurs vinrent complaisamment assister aux opérations, mais on ne vit l'intérimaire que le soir à l'arrivée du docteur Guermonprez et d'un interne. Cette aventure les amusa beaucoup. « Une » bévue monumentale ! » disait M. Guermonprez. « La bévue » monumentale » de l'intérimaire n'est-elle pas une leçon pour ces prétentieux diplômés dont toute la science est dans leur diplôme ? Qu'ils seraient spirituels, s'ils avaient la sagesse de se taire quand ils ne savent pas ! Et qu'ils seraient sages, s'ils avaient l'esprit d'apprendre avant de parler !

M. Crud sentait la vieillesse venir et ses forces l'abandonner. Après tant de travaux et cinquante ans d'un perpétuel surmenage il s'arrêta en juillet 1899 ; il avait 71 ans.

La retraite de M. l'abbé Crud.

Son œuvre était achevée. Pendant un an il avait dirigé l'installation, réglé les services de son Institut, achevé la formation des docteurs à la pratique de sa méthode. Il pouvait sans inquiétude se retirer, son œuvre était dans de bonnes mains. Le docteur Salmon, actif et hardi, les jeunes docteurs

Douvrin et Chantrel, intelligents et appliqués, maintiendraient les traditions et préserveraient la méthode des infiltrations étrangères.

Ils n'étaient pas seuls en France complètement initiés aux pratiques de M. Crud. Un jeune curé de la Gironde avait amené une infirme à l'Institut et s'était laissé prendre par le charme du personnel choisi qu'il y avait rencontré. Un attrait, qui ressemblait singulièrement à la passion de M. Crud pour le soulagement des malades, le portait vers ces infirmes et lui inspirait un invincible désir de les guérir. Ce qu'il pouvait saisir de la méthode Crud lui paraissait si clair et si simple qu'il laissa bientôt paraître une volonté arrêtée de la connaître tout entière et de la pratiquer. M. Crud, attiré vers le jeune prêtre par une sympathie qu'il sentait être partagée, et par les manifestations soudaines d'une intelligence qui se trahissait — sans, peut-être, en avoir conscience — claire, nette et juste dans ses remarques et appréciations, guidé aussi par ce tact si rare qui voit et juge les hommes tels qu'ils sont, M. Crud s'attacha à son jeune ami et l'aida à saisir le secret de sa méthode. Ce fut une conquête facile et surtout précieuse. M. l'abbé Belet entra de plein pied dans les idées du maître. Il est aujourd'hui l'élève préféré de M. Crud, celui qui l'a le mieux compris et le continue plus fidèlement. Ce serait une grande joie pour l'admirable vieillard, si quelque jour prochain lui apportait l'invitation à se rendre dans le Sud-Ouest, vers Bordeaux, pour inaugurer un nouvel Institut Crud, sous le patronage du Sacré-Cœur.

Derniers efforts.

La vieille expérience de M. Crud ne lui laissait aucune illusion sur l'avenir de son Institut. Trois docteurs par lui-même formés à la pratique de sa méthode, vingt-quatre religieuses intelligentes et dévouées appliquées au traitement des malades après les opérations, un groupe de masseurs habiles, un personnel de choix dans tous les services, c'était l'organisation complète et définitive de l'œuvre. L'organisateur clairvoyant et désintéressé pensa que l'heure était venue de se retirer et de passer sa succession aux élèves désormais préparés à la recevoir.

D'un commun accord un régime nouveau fut établi. Le docteur Salmon, conservant ses aides, les jeunes docteurs Douvrin et Chantrel, prit l'Institut en location et M. Crud et sa sœur partirent. Peut-être la séparation fut-elle un peu brusque. Les transitions ne sont pas toujours à dédaigner; les docteurs l'apprirent à leurs dépens. La grande majorité des malades ne connaissaient que M. l'abbé et Mlle Crud. Le renom du frère et de la sœur était pour le plus grand nombre des infirmes le plus puissant, sinon l'unique attrait qui les avait amenés et les retenait à l'Institut. Les « guérisseurs » partis, plus de la moitié des malades disparurent, provoquant une débâcle qui aurait pu devenir l'effondrement de l'œuvre. L'habileté et le dévouement corrigèrent le mal que la prudence n'avait pas prévu : les opérations réussissaient, tout le travail s'accomplissait avec la conscience dévouée qui présidait au traitement des infirmes, sous M. Crud. La crise fut bientôt conjurée et la clientèle revint.

M. Crud voulut alors revivre sa vie de missionnaire; pendant quelques années il se livra à la prédication, donnant au salut des âmes, dans un suprême effort, les restes d'une voix qui tombe et d'une ardeur qui s'éteint. Quand, sa santé et ses forces épuisées, il dut s'arrêter, il avait soixante-quinze ans.

Toute préoccupation temporelle lui fut ôtée par le règlement définitif de ses affaires, et M. Crud enferma sa vie dans le silence et le recueillement.

S'il eut, en quittant Lille, quelque velléité de ressusciter l'Institut de Sens, il n'y aurait pas lieu de s'en étonner. Sa méthode triomphait après une série de succès inouïs ; son nom touchait à l'apogée de la célébrité et d'habiles successeurs continuaient son œuvre. Dans l'Institut de Lille, M. Crud était chez lui ; il semble qu'il n'avait pas à chercher un autre lieu de retraite ; et cependant il partit. Ce sacrifice fut plus dur à l'incomparable orthopédiste que ne l'avaient été au missionnaire les sacrifices de Chicago, de Bourbonnais et de Greenbay.

Se sentir capable de guérir les malades et cesser de les guérir ; se savoir ardemment désiré et fermer l'oreille et le cœur aux désirs impatients qui l'appellent, c'est ce que M. Crud s'imposa.

Comme il avait quitté Chicago pour faire place aux prêtres amis qui venaient de France, Bourbonnais pour assurer le succès des prêtres qui allaient prendre la direction de son collège et de sa paroisse, et Greenbay pour laisser au chef du diocèse son entière liberté d'action, il quitta Lille pour donner au nouveau directeur ses coudées franches, habituer la clientèle au régime nouveau de l'Institut et se détacher lui-même, la vieillesse venue, de l'œuvre où il avait mis toute son énergie physique et tout son cœur.

Dieu l'aida à consommer ce dernier sacrifice ; un instant menacé, Lille redevint prospère, et les éléments, dès longtemps préparés, qui pouvaient donner l'idée de refaire l'Institut de Sens, furent dispersés.

Il ne resta plus à M. Crud qu'un souci : se survivre dans un de ses élèves. Toujours heureux dans la genèse, le développement et la consolidation définitive de son œuvre, il ne le sera pas moins dans la transmission de sa méthode et de son esprit. La notoriété du « curé guérisseur » d'Arbanats (Gironde) amène déjà une clientèle assez nombreuse pour permettre d'entrevoir dans un avenir prochain un nouvel « Institut Crud », l'Institut du Sud-Ouest.

CHAPITRE SIXIÈME

LA FORTUNE DE M. L'ABBÉ CRUD

Origine et source de cette fortune. — L'emploi que M. Crud en a fait.

Origine et source de cette fortune.

Le curé de La Selle-en-Hermois était pauvre, en 1887, quand il prit possession de sa paroisse. Les revenus de sa cure étaient bien modestes. Mais il connaissait le « reboutage » et avait initié sa sœur à cette spécialité. Ce fut l'origine de sa fortune. Sans doute on n'exigeait rien pour le traitement des infirmes; mais nombreux étaient ceux qui venaient au presbytère réclamer des soins, et les guérisons suscitaient parfois de généreuses reconnaissances.

Surveillé par les médecins, rappelé fréquemment à la prudence par l'autorité épiscopale, M. Crud s'abstint pendant quatre ans d'intervenir dans les opérations auxquelles sa sœur pouvait suffire.

Cependant les succès se multipliaient et la clientèle augmentait; des guérisons remarquables de malades en vue et le traitement simple et efficace des maladies réputées incurables provoquaient dans toute la France un retentissement extraordinaire qui mit le nom de M. Crud sur toutes les lèvres et transforma le village de La Selle-en-Hermois tout entier en un Institut orthopédique.

La malveillance des médecins aidant, il ne resta plus au « curé guérisseur » qu'un parti à prendre : se consacrer sans réserve au service des infirmes sous le contrôle et la garantie d'un praticien diplômé. Le docteur Colombe, de Sens, se mit à la disposition de M. Crud. Pendant deux mois à La Selle-en-Hermois, et pendant un an à Sens, M. Crud et sa sœur, en société avec le docteur Colombe, traitèrent la foule des infirmes qu'attirait la réputation des « guérisseurs ». Cette foule fut telle, même à La Selle-en-Hermois, qu'ils réalisèrent, sans tarifs et en purs dons, comme nous l'avons dit, des sommes importantes.

Trois ans de ce régime donnèrent à M. Crud le capital nécessaire pour engager sans imprudence les dépenses très fortes que l'Institut de Sens lui imposait.

Les malades accouraient toujours plus nombreux. Le docteur Colombe, homme pratique, vit avec raison dans cette affluence une source abondante de recettes qu'il importait de rendre, autant que possible, régulière et constante par un tarif. Le docteur en fixa lui-même les chiffres très modérés.

Cette innovation ne surprit et n'éloigna personne, grâce à l'installation très soignée de l'Institut et de ses annexes, à la modicité des prix et au dévouement du personnel.

Renseigné par M. Crud lui-même, nous pouvons affirmer que la moyenne des recettes quotidiennes atteignit parfois jusqu'à huit cents francs. Cela peut expliquer bien des choses : le départ du docteur Colombe, allant fonder en Auvergne, à ses frais et sous son nom, un Institut orthopédique ; la tentative du docteur Bénard se faisant acquéreur de l'Institut de Sens pour l'administrer seul et en retirer tout le profit ; l'animosité du corps médical ne reculant devant rien pour abattre un homme dont la science, sans doute, l'humiliait, mais dont les succès surtout ruinaient la petite industrie de l'orthopédie officielle.

Cela explique plus clairement encore l'audacieuse entreprise de M. Crud, n'hésitant pas à fonder le splendide Institut de Canteleu-lez-Lille. Sur un terrain, cédé gratuitement par un admirateur du « rebouteur de Sens », il a bâti un palais.

L'emploi que M. Crud fait de sa fortune.

Nous avons dit quel coup de tête du docteur Bénard avait mis à la porte de l'Institut de Sens M. Crud et sa sœur. C'était en pleine prospérité de l'établissement par eux fondé, qu'ils se virent tout à coup dépossédés, et contraints, pour continuer leurs opérations, de chercher un autre local.

Les principaux professeurs de l'Université catholique de Lille s'empressèrent de proposer à M. Crud un nouvel établissement à Lille même, et l'un d'eux offrit gratuitement un vaste terrain sur lequel serait construit l'Institut.

Sur les instances du docteur Guermonprez, du professeur Ed. Ory et du chanoine Cholet, aujourd'hui évêque de Verdun, M. Crud accepta. C'était en 1896. Sous la direction d'un très habile architecte, les frères Joncquez, entrepreneurs, commencèrent immédiatement les travaux qui durèrent deux ans, d'octobre 1896 à septembre 1898.

L'Institut de Canteleu-lez-Lille est, par ses proportions et son style, un véritable monument. Il mesure cinquante-six mètres en longueur, sur vingt-deux et vingt-huit en largeur. La façade, richement décorée, est ornée d'une grande statue du Sacré-Cœur, œuvre remarquable d'un artiste lillois.

Dans les sous-sols sont disposés les cuisines, les dépôts de charbon et de légumes et les trois calorifères. Le rez-de-chaussée est occupé par les salles de consultations et d'opérations, par les bureaux, le grand réfectoire et une vingtaine de chambres à deux lits pour les malades et leurs gardes.

Au premier étage il y a le dortoir et le réfectoire des sœurs, le dortoir des femmes et jeunes filles et de nombreuses chambres pour les malades.

Au deuxième étage se trouvent les chambres et les dortoirs pour les hommes et jeunes gens et la lingerie.

Le troisième étage est partagé entre les deux dortoirs des domestiques et des bonnes et une vaste salle de vingt-six mètres de longueur sur douze mètres de largeur, qui est le musée de l'Institut. Dans ce musée sont réunis, en partie, les anciens instruments orthopédiques que les infirmes apportent en entrant, et qu'ils laissent en sortant comme *ex voto* pour attester leur guérison.

Un ascenseur relie les différents étages, afin d'éviter aux malades trop faibles les fatigues que pourrait leur occasionner le passage par les escaliers.

Dans la maison il y a une chapelle où la messe est dite tous les jours et où sont célébrés les offices du dimanche. Un aumônier est attaché à l'établissement.

Les constructions de l'Institut et de la villa adjacente ont coûté deux cent trente-huit mille francs, auxquels s'ajoutent le mobilier nécessaire pour trois cents malades et les installations particulières d'une cinquantaine de chambres : au total trois cent mille francs.

Au jour de l'inauguration solennelle, faite sous la présidence de Mgr Carlier, vicaire général, au nom de Mgr l'Archevêque de Cambrai, toutes les dettes étaient payées. Le lendemain dix-sept coxalgiques ou boiteux souffrant de luxations congénitales des hanches furent opérés et douze autres le jour suivant. Les infirmes remplissaient déjà les chambres et les dortoirs.

M. Crud n'avait pas hésité, pour assurer la durée de son œuvre, à engager dans une entreprise vraiment colossale la fortune légitimement acquise qu'il possédait. Son audace n'était au fond qu'une confiance inébranlable dans la bonté de son œuvre, et la certitude de la vocation toute spéciale qui l'avait poussé à l'entreprendre.

Nous le trouvons à Canteleu-lez-Lille, entouré d'un personnel d'élite. Les trois docteurs ont été formés à sa méthode par ses leçons et ses exemples; les vingt-quatre religieuses de la Sagesse qui se partagent la tenue des livres, la direction de la cuisine et des dortoirs, la confection des bandes et la couture des bandages, ainsi que le soin des malades, sont entrées à l'Institut avec des aptitudes déjà éprouvées dans les emplois qui leur sont départis, ou se forment à de nouveaux emplois sous l'habile direction de Mlle Crud. Quatre domestiques et une dizaine de bonnes complètent le personnel. C'est au moins quarante personnes à qui il faut assurer l'entretien journalier et le traitement annuel, après les énormes frais que viennent d'absorber la construction, l'aménagement et le confort d'un établissement modèle.

M. Crud n'a jamais vu que les œuvres qui lui étaient confiées. La fortune ne fut pour lui qu'un moyen de les rendre plus fortes et plus efficaces.

L'ABBÉ CRUD ET L'ORTHOPÉDIE

TROISIÈME PARTIE

LA MÉTHODE DE M. L'ABBÉ CRUD

CHAPITRE PREMIER

LA MÉTHODE CRUD EXPOSÉE PAR LE D' GILLES

Les spécialités de M. Crud. — **La guérison de la luxation congénitale de la hanche.** — **Silence du docteur sur la coxalgie.**
Réserve galante sur le traitement de la scoliose.
Aveux du docteur.

Les spécialités de M. Crud.

Le Mémoire du docteur Maximin Gilles donne la nomenclature des maladies qui étaient traitées à l'Institut orthopédique de Sens en 1897 :

« On traite à l'Institut les maladies suivantes :
« 1° La luxation de la hanche ;
« 2° La paralysie infantile ;
« 3° Les pieds-bots ;
« 4° Les ankyloses ;
« 5° La scoliose et les déviations vertébrales.
« On y soigne encore quelques autres affections, mais elles rentrent, au point de vue scientifique, dans les catégories que nous venons de faire : tumeur blanche du genou, luxations traumatiques, etc. »

Une première lacune est à signaler dans cette liste dressée par le docteur. Il passe sous silence la coxalgie. Pourquoi ?

M. Crud donne une raison péremptoire de cette omission. Pour lui la coxalgie n'est rien autre que la luxation de la hanche à sa période inflammatoire. Il n'y a donc pas lieu de compter deux maladies distinctes dans le système de M. Crud et de pratiquer deux traitements différents.

Mais la science officielle maintient la distinction qu'elle a toujours enseignée, sans réussir d'ailleurs à guérir ni la luxation ni la coxalgie, et en maintenant l'erreur théorique elle maintient l'erreur pratique, même aujourd'hui, quand il est avéré que, la luxation guérie, la coxalgie disparaît.

Le docteur fait observer qu'à l'Institut de Sens on applique le même traitement à la luxation de la hanche, à la luxation paralytique et à la coxalgie. Mais il n'en donne pas la raison.

Il faut en convenir, après un enseignement officiel de vingt-cinq ou trente ans, comme après une pratique médicale d'autant d'années, il est dur pour l'amour-propre d'avouer qu'on a enseigné et mis en pratique des « erreurs absolues » qui se perpétuent par les médecins qu'on a formés et par les infirmes que l'on n'a pas guéris.

Pl. IX.

Musée orthopédique de Canteleu-lez-Lille.

La luxation de la hanche.

M. Gilles décrit en quelques mots l'opération de la luxation de la hanche à l'Institut de M. Crud :

« Le malade, couché sur le ventre, est étendu sur une petite table légèrement rembourrée. Le diagnostic est établi sur l'allongement apparent, les saillies des fémurs et la position des plis fessiers.

« La luxation est réduite si elle est réductible ; autrement la tête du fémur est abaissée et ramenée à la cavité cotyloïde, qui doit la recevoir, au moyen de tractions soit en bas, soit en dehors, sans insensibilisation et le plus souvent sans douleur.

« Dès que le malade peut marcher, sa démarche apparaît rectifiée et le creux du dos, l'ensellure, disparaît progressivement avec une rapidité incroyable.

« *Au bout de deux mois la démarche, à une allure modérée même sans cannes, est absolument correcte.* »

Un pareil résultat devrait satisfaire toutes les exigences.

Il ne satisfait pas, sans doute, l'enquêteur, qui, négligeant de décrire le traitement consécutif à l'opération, traitement destiné à prévenir les récidives, s'applique à rechercher les insuccès.

Malgré l'observation très juste du docteur Guermonprez déclarant que « *l'opération est peu de chose, le traitement for-* « *mant un tout indivisible qui par toutes ses parties concourt à* « *la production d'une jointure solide* », M. Gilles ne parle que de l'opération et néglige l'ensemble du traitement. Or il marque que le traitement dure deux mois. Pourquoi omet-il de dire en quoi il consiste ?

Le docteur connaît « un cas où la marche a continué à « s'améliorer pendant un an ». Que faisait-on pendant cette année pour aider l'amélioration ? A l'examen direct de ce cas, il a constaté que « les hanches, légèrement luxées en haut et « en dehors, sont l'une parfaitement immobile, l'autre affectée « de quelques mouvements anormaux qui font craindre une « récidive ».

On ne voit pas bien cette hanche parfaitement immobile malgré une légère luxation, c'est-à-dire un léger déplacement; on ne voit pas davantage les mouvements anormaux de l'autre hanche menacée de récidive. Si l'amélioration a duré un an pour la hanche désormais immobile, il serait, semble-t-il, naturel et juste de laisser à la hanche menacée le temps de se consolider. Il serait surtout juste de signaler le traitement consécutif à l'opération qui doit en garantir les résultats.

Laisser croire que l'opération est tout, et que le malade est abandonné à lui-même après l'opération, peut servir les intentions et le but du docteur, mais la vérité n'y trouve pas son compte. Quand M. Gilles affirmera qu'il y a des insuccès et des récidives dans les cas de luxation de la hanche traités par M. Crud, et que « les résultats positifs et de quelque durée, « pour être nouveaux et brillants, ne forment que la minorité « des cas traités », il ne pourra pas faire que ses affirmations soient aveuglément admises. Ne les a-t-il pas lui-même rendues plus que suspectes en déclarant son enquête fantaisiste et restreinte ?

M. Gilles sait mieux que personne l'insuffisance des praticiens et l'ignorance de la Faculté officielle en orthopédie. Par une campagne méritoire il s'est efforcé de les amener à voir les résultats qu'obtiennent les empiriques et à en profiter.

Il sait donc que la guérison de la luxation congénitale de la hanche par M. Crud marque un tel progrès dans l'art négligé de l'orthopédie, que le docteur Calot ne craint pas d'appeler ce progrès *« une bienfaisante révolution »*.

Cette bienfaisante révolution, dont M. Crud est l'auteur, n'est pas seulement dans une opération de quelques instants, elle est dans l'opération et le traitement consécutif indivisibles, selon la remarque du docteur Guermonprez. Pourquoi M. Gilles passe-t-il sous silence le traitement consécutif pratiqué par M. Crud, traitement qu'il connaît, et lui substitue-t-il un traitement consécutif de sa propre invention?

On est tenté de croire, en présence de ce traitement compliqué dont pas un détail n'est admis par M. Crud, que le docteur Gilles est plus soucieux de fournir des honoraires au médecin que la santé au malade.

« *Le port prolongé des cannes, le massage, l'électricité, la gymnastique suédoise, des précautions extraordinaires pendant plusieurs années sont une annexe indispensable de tout traitement de ce genre.* » (Mémoire Gilles, p. 20.)

Comptez les frais de massage, d'électricité, de gymnastique suédoise, de précautions extraordinaires pendant plusieurs années, et aussi de radiographie pour constater et suivre le progrès de la guérison, le tout indispensable..... et déliez les cordons de votre bourse.....

Si M. Gilles ignore le traitement consécutif pratiqué par M. Crud, nous pouvons le lui dire : quelques planchettes garnies d'ouate et quelques mètres de bande de toile pour maintenir l'opération ; neuf jours d'immobilisation et deux mois d'éclisses et de bandage, et votre boiteux ne boite plus.

L'enquête du docteur devait nous révéler la méthode Crud avec ses résultats, ses éléments, sa théorie et la base scientifique de ses succès. Voici que M. Gilles ne sait ni la technique opératoire, ni le traitement consécutif de M. Crud.

Vraiment, à lire ces quelques pages du Mémoire, nul ne pourra soupçonner que *la découverte de la guérison de la luxation congénitale de la hanche* fut le point de départ de la transformation de l'orthopédie et la création d'une orthopédie nouvelle.

C'est bien le but que vise M. Gilles : il faut que le lecteur soit persuadé qu'il n'y a rien de changé dans la pratique orthopédique de M. Gilles et que les quelques changements que M. Crud y a introduits ne pourront être maintenus.

En preuve de sa parfaite loyauté, le docteur veut bien reconnaître les merveilleux résultats qu'il a constatés à Sens et ailleurs, à la suite du traitement de la luxation de la hanche par M. Crud :

« *Au bout de deux mois, la démarche, à une allure modérée même sans cannes, est absolument correcte.* »

« *En admettant même que le succès absolu et définitif soit l'exception, certains faits indiscutables n'en restent pas moins acquis.* »

« *La méthode de l'abbé Crud ayant fait ses preuves dans un nombre de cas suffisant mérite d'être étudiée.* »

Chacune de ces affirmations est accompagnée d'un **mais** correctif :

« *Mais* de pareils résultats ne sont pas la règle absolue. »

« *Mais* vouloir guérir en deux mois la luxation, c'est aller à la récidive. »

« *Mais* les résultats positifs ne forment que la minorité des cas. »

Nous renonçons à nous orienter dans ce dédale d'incohérences.

Nous poserons simplement deux questions :

1° *La méthode de M. Crud pour la guérison de la luxation congénitale de la hanche est-elle une nouveauté ?*

M. Gilles répond : « On ne saurait sans injustice refuser à M. l'abbé Crud le mérite et la priorité de cette spécialisation vraiment nouvelle. »

2° *L'opération par laquelle M. Crud remet en son état normal la hanche du boiteux lui appartient-elle comme toute invention à l'inventeur ?*

M. Gilles répond : « Incontestablement. » Nous avons le droit de voir les résultats de l'opération et d'en profiter, mais nous n'avons pas le droit de nous approprier une découverte qui n'a qu'un nom, celui de M. Crud.

La paralysie infantile.

Diminuer l'importance de la découverte et le mérite de l'inventeur est le but évident de l'auteur du Mémoire. Cette obsession de dénigrement, très sensible dans l'examen du traitement appliqué par M. Crud à la luxation des hanches, est plus sensible encore dans l'examen des autres affections orthopédiques.

« M. Crud, dit le Mémoire, voit dans la paralysie infantile le résultat de luxations articulaires ; c'est prendre l'effet pour la cause. » En est-il bien sûr ? Sans plus d'explication, il expose le traitement appliqué par M. Crud, mais, quelque efficace que soit ce traitement, le voilà d'avance entaché d'un vice capital, car il ne peut qu'atteindre l'effet sans toucher la cause.

« L'opération, dit encore le Mémoire, consiste à réduire (?) la luxation de la hanche, celle du genou et à redresser le pied-bot, s'il y a lieu, par le massage forcé. On fait ensuite marcher le malade avec deux cannes élevées. »

Le Mémoire ajoute : « Les résultats ne sont pas brillants. » Ecoutons la suite, elle est intéressante. Que va-t-il résulter de l'erreur capitale de l'opérateur prenant l'effet pour la cause ? Le voici, et c'est M. Gilles qui le dit : « Cependant, la plupart des malades marchent correctement tant qu'ils sont soutenus et l'amélioration musculaire ferait quelques nouveaux progrès. Il est incontestable que l'avenir du malade reste subordonné à la régénération musculaire. »

Quels sont donc les résultats que voudrait M. Gilles?

Les malades marchent correctement, étayés par deux cannes élevées, et l'amélioration musculaire d'où l'avenir du malade dépend est en progrès. Quelle autre méthode donne des résultats plus brillants? Nous verrons tout à l'heure les merveilles de la méthode Calot.

Ne demandez pas à M. Gilles ce qu'il pense de la méthode Crud; il vous répondrait : « N'ayant vu d'espèce ni avant ni après l'opération, je préfère m'abstenir de toute appréciation. »

Pendant que le docteur cherche à démêler l'effet et la cause que, d'ailleurs, il démêle assez mal, puisqu'il faut un autre docteur pour l'éclairer, M. Crud se contente de reconnaître le mal et d'y appliquer son remède. Il réduit la luxation de la hanche — opération que M. Gilles paraît ne pas comprendre, — il réduit également celle du genou et, s'il y a lieu, il redresse le pied-bot par le massage forcé. Le malade marchera déjà correctement, soutenu par deux cannes élevées; mais le docteur trouvera ce résultat peu brillant parce que M. Crud n'aura pas eu recours à l'électricité pour fixer son diagnostic, parce qu'il confond, peut-être, l'effet et la cause, parce qu'enfin, en pareil cas, la médecine officielle tâtonne et ne guérit pas.

Une autre cause empêche le docteur d'admirer les résultats obtenus par M. Crud. Sans nul souci du diagnostic étiologique, d'une luxation paralytique, ou même d'une apparence de luxation comme on en voit assez souvent dans la paralysie infantile, M. Crud applique simplement le remède de la luxation congénitale de la hanche. M. Gilles n'admet pas que le même traitement soit appliqué à des cas dissemblables.

« *La plupart des malades*, dit-il, *marchent correctement.* » Mais ces résultats, obtenus en dépit de la science (?) et de ses principes (?), lui paraissent autant d'attentats contre l'infaillibilité médicale.

Silence du docteur sur la coxalgie.

Nous revenons sur le silence du docteur, silence déjà signalé, au sujet du traitement de la coxalgie. Nous avions attribué cette réserve à une divergence d'opinion, qui, en séparant M. Gilles du corps enseignant de la Faculté où la coxalgie est traitée en maladie distincte de la luxation de la hanche, le rapprochait de M. Crud traitant la coxalgie comme la luxation elle-même à sa période inflammatoire. Il n'en est rien. M. Gilles omet d'exposer le traitement de la coxalgie parce qu'il implique le traitement de la luxation de la hanche, après lequel seulement la coxalgie est guérie.

Il était dur de relever contre l'enseignement et la pratique du corps médical une nouvelle *erreur absolue :* M. Gilles préfère le silence.

Si les praticiens qui font de la médecine pour les malades guérissent aujourd'hui la coxalgie, ils le doivent à l'abbé Crud, l'empirique, inventeur du remède de la luxation de la hanche.

Le pied-bot et les ankyloses.

Quelques lignes sont consacrées au traitement du pied-bot. « On lui applique le massage forcé. Si les déformations sont très accentuées, M. Crud fait de temps en temps des tractions violentes. Rien en cela de bien nouveau. **Mais** nous avons vu de bons résultats obtenus par le massage forcé dans les cas où il n'existe plus que de la parésie musculaire. »

Les ankyloses de toute nature sont traitées par la rupture brusque et la mobilisation intermittente. « Cette mobilisation est faite, dit le docteur, avec une violence que nous réprouvons parce qu'elle est inutile. Il faut *le prestige de l'abbé Crud et l'étrange docilité de ses malades* pour faire supporter les souffrances atroces d'une mobilisation sans ménagements. »

Nous avons souligné le prestige de l'abbé Crud et l'étrange docilité de ses malades. Le lecteur voudra relire cette phrase monumentale. Comment le docteur Gilles connaît-il *les souffrances atroces* dont il parle?

Et nous arrivons à cette autre phrase qui ne manque pas d'originalité sous sa forme un peu négligée :

Réserve galante au sujet de la scoliose.

« *Nous ne nous sommes pas occupé du traitement des scolioses à Sens; il est d'ailleurs pratiqué spécialement par Mlle Zoé Crud, sœur de l'abbé.* »

Cette phrase veut-elle faire entendre que ce traitement ne mérite pas l'honneur d'un examen? ou qu'il est peu séant de prendre à partie Mlle Crud dans l'exercice d'un art qu'elle pratique sans doute à la diable, n'étant pas diplômée? ou, enfin, que la décence interdit au docteur d'engager une discussion avec une honnête femme sur ces délicates matières?

La pensée du docteur se dérobe; nous ne la poursuivrons pas. Nous dirons seulement :

1° Que Mlle Crud a toujours partagé avec M. Crud l'entière confiance de la clientèle ;

2° Qu'elle étonna tous les docteurs qui la virent à l'œuvre par son extraordinaire habileté dans le traitement des déviations vertébrales ;

3° Qu'elle a droit de revendiquer la plus large part des succès obtenus dans le redressement des bossus et autres déformés.

Ces succès sont tels que le docteur juge plus habile de les taire que de les contester ou de les amoindrir.

S'il donne à entendre qu'il ne peut entrer en discussion avec une dame parce qu'elle est étrangère à la médecine, il oublie que Mlle Crud, comme son frère, est en mesure de lui prouver, dès qu'il s'agit du reboutage, qu'un praticien diplômé est neuf et nul en la matière.

Mais toute autre est la raison du silence prudent de M. Gilles. Il ne discutera pas le traitement des scolioses parce que la méthode de M. Crud, ayant tout innové, inflige une nouvelle défaite à l'officielle Faculté.

Les aveux du docteur Gilles.

Nous ne pouvons qu'admirer le docteur pour les aveux semés çà et là dans son Mémoire et qui rendent à la vérité ses droits, et son mérite au praticien. Qu'il se mêle un peu de dépit à ces aveux, on le comprend de reste, quand on voit quelles conséquences en découlent. Avant d'aborder l'examen des pratiques orthopédiques du docteur Calot, le rappel des aveux du docteur Gilles nous est imposé par le souci de la vérité et de la justice.

Trois faits sont expressément avoués dans le Mémoire Gilles :

1° *La guérison de la luxation congénitale de la hanche par M. l'abbé Crud ;*

2° *Le retentissement que cette découverte provoqua dans toute la France ;*

3° *La fondation des Instituts orthopédiques de Sens et de Lille pour appliquer la méthode Crud* aux boiteux, aux coxalgiques, aux pieds bots, aux bossus, aux déformés de toute sorte.

Le premier fait est avoué en termes explicites qui ne laissent prise à aucune contestation :

« On ne saurait, sans injustice, refuser à M. l'abbé Crud le mérite et la priorité d'opérations et de moyens adjuvants… destinés à devenir de précieux auxiliaires en thérapeutique. » (Page 3 du Mémoire.)

« *A l'Institut de Sens, le traitement est le même, qu'il s'agisse d'une luxation congénitale, d'une coxalgie ou d'une luxation paralytique.* » (Page 14.)

« *La luxation congénitale de la hanche* (est la) *seule spécialisation vraiment nouvelle.* » (Page 20.)

Il y a donc dans la méthode de M. Crud une spécialisation vraiment nouvelle, qui est la guérison de la luxation congénitale de la hanche, de la coxalgie et de la luxation paralytique. On ne saurait, sans injustice, lui refuser le mérite et la priorité de cette innovation dans le traitement de ces maladies réputées incurables.

Le deuxième fait avoué par M. Gilles, c'est le retentissement extraordinaire provoqué dans toute la France par les pratiques de l'abbé Crud, entre lesquelles la guérison des maladies dites incurables tient la première place.

Ce retentissement fut tel que l'affluence des malades qu'il amena à La Selle-en-Hermois, chez M. Crud, transforma le village en un vaste hôpital ; qu'il rendit impossible au curé de La Selle le service simultané de la paroisse et des malades, et qu'il le mit dans l'obligation, pour continuer le traitement des infirmes, de fonder, à Sens, un institut orthopédique, sous la direction légale d'un médecin diplômé.

C'est là que le docteur Gilles vint s'enquérir des théories orthopédiques de M. Crud et qu'il reconnut que « l'empirique célèbre » n'agit pas au hasard (page 6 du Mémoire).

C'est là qu'il observa des améliorations inespérées et des résultats nouveaux (page 6).

Là, enfin, qu'il constata qu'un temps très court suffit pour obtenir la solidité des jointures et que ce principe, tel qu'il est appliqué par M. Crud, constitue une innovation heureuse et nouvelle qui condamne *l'erreur absolue de l'immobilisation prolongée* (pages 7 et 9).

Il y a donc, dans la méthode de M. Crud, un fait qui dénonce l'ignorance de la Faculté et des praticiens diplômés : c'est l'innovation, dans le traitement des luxations de la hanche, qui supprime l'immobilisation prolongée. « C'est notre faute, confesse le docteur Gilles, si les néarthroses que nous créons manquent de solidité. Les succès de l'abbé Crud sont dus, en grande partie, au peu de durée de la première immobilisation. »

Le troisième fait, c'est la fondation, à Sens d'abord, à Lille ensuite, de l'Institut orthopédique de M. Crud, avec le concours et aujourd'hui sous la seule direction des médecins diplômés.

M. Gilles savait que le docteur Guermonprez, professeur à la Faculté libre de Lille, se proposait de publier les résultats d'un examen prolongé et rigoureusement scientifique (?) de ce qui se faisait à Sens. Il en profitait pour réduire son rôle d'enquêteur à sa plus simple expression : il verrait et il dirait bonnement à sa clientèle et à ses confrères ce qu'il aurait vu (pages 3 et 4 du Mémoire).

Sa rencontre avec le docteur Guermonprez, à Sens, n'a pas été sans produire quelque modification dans les idées préconçues du docteur Gilles. Il a pu voir que les opérations sont pratiquées par M. Crud avec l'assistance d'un médecin et sous le contrôle scientifique (?) du docteur Guermonprez (page 12).

Il a pu remarquer que le docteur partage plus d'une des idées de M. Crud sur l'orthopédie (page 17).

Il n'a pas ignoré que le transfert à Lille de l'Institut de Sens était décidé et en voie d'exécution, que le savant professeur en était le promoteur le plus actif et qu'il préparait des docteurs pour le nouvel Institut, après avoir donné à M. Crud pour directeur légal à Sens un de ses anciens élèves, le docteur Salmon (page 12).

Ces aveux prennent ici une importance capitale. Le Mémoire du docteur Gilles qui les renferme fut communiqué à la Commission scientifique du Comité médical des Bouches-du-Rhône le 16 avril 1897. Une note complémentaire y fut jointe le 30 avril, et la publication eut lieu cette même année 1897.
(Chez E. Flammarion, à Paris, éditeur. — Chez Flammarion et H. Aubertin, rue Paradis, 34, à Marseille.)
Le docteur Calot, en présence des faits que signalent les aveux de M. Gilles, faits qu'il a connus comme les a connus son confrère, par la renommée, par la presse, par ses entretiens avec M. Crud à Sens, et par l'examen des opérations pratiquées sous ses yeux, le docteur Calot garde le silence.

Si le dénigrement de parti-pris qui caractérise le Mémoire Gilles s'appuie sur une raison avouable, M. Calot, qui ne pouvait l'ignorer, n'eût-il pas saisi avec empressement l'occasion de dévoiler les agissements frauduleux du charlatan, de venger la médecine officielle calomniée et de revendiquer le mérite et la priorité des opérations nouvelles qui transforment l'orthopédie ?

Il ne l'a pas fait : 1° Parce qu'il ne s'est pas trouvé en face d'un charlatan, mais en face d'un praticien de l'orthopédie qui aurait pu lui dire, comme au docteur Gilles : « Ou vous ne savez pas l'anatomie, ou vous cherchez dans ma méthode un élément mystérieux qui n'a jamais existé. » Le docteur Calot ne pouvait s'y tromper : M. Crud connaissait aussi bien que lui l'anatomie des régions qu'il traitait, mais il savait mieux que lui le traitement qui convenait ; 2° Il ne l'a pas fait parce que nul n'a été aussi impitoyable que lui pour l'enseignement officiel. Elle est écrasante cette accusation du docteur Calot :
« Les médecins n'osent pas ou ne savent pas guérir

les affections orthopédiques parce qu'on ne le leur a pas appris, et on ne le leur a pas appris parce qu'on ne le pouvait pas. » Si cette parole n'est pas une calomnie, dite par un praticien de haute valeur, pourquoi serait-elle une calomnie, dite par le restaurateur même et le créateur, pour une part, de l'orthopédie?; 3° Le docteur Calot n'a revendiqué ni pour la Faculté officielle ni pour lui-même le mérite et la priorité des opérations nouvelles qui transforment l'orthopédie, parce que cette revendication eût été taxée de malhonnêteté par l'opinion universelle.

Si nous n'avions pas les aveux très catégoriques de M. Gilles pour établir la priorité et le mérite de M. Crud, inventeur du traitement des maladies incurables, il nous resterait les dates qui écartent toute compétition. Elles se présenteront d'elles-mêmes dans le chapitre suivant.

CHAPITRE DEUXIÈME

LA MÉTHODE CRUD ET LA PRATIQUE DU Dr CALOT

Les consultations et les opérations à l'Institut de
Sens. — La luxation congénitale de la hanche
à l'Institut Pravaz, à Berck et à Sens.
L'opération et le traitement consécutif. — La coxalgie
à Berck. — Le plâtre du Dr Calot
et les bandages de M. l'abbé Crud. — Les promesses
du Dr Calot.

Les consultations et opérations à l'Institut de Sens.

A Lille, comme à Sens, les consultations et les opérations étaient faites par les docteurs et les directeurs réunis. « Les opérations n'avaient pas d'autres témoins que nos docteurs et leurs aides », dit M. Crud, qui donne cette raison de l'exclusion des docteurs étrangers à l'Institut : « Nous étions persuadés que ces docteurs, après avoir vu une fois ou deux notre manière d'opérer, voudraient l'appliquer sans la connaître suffisamment, s'exposant à la compromettre par des essais inefficaces et même dangereux. »

Pour cette raison furent exclus le Dr Gilles, de Marseille, et les docteurs de Berck, venus à Sens pour y étudier la méthode

Crud. Ils purent assister à la réduction des luxations ou des fractures ordinaires, mais ils n'ont pu voir ni les opérations des hanches ni le redressement de la colonne vertébrale. Le Mémoire du docteur Gilles, dont nous avons signalé le parti-pris de dénigrement contre les procédés de Sens, est tout entier basé sur des données sommaires et incomplètes.

Ce que nous avons appelé « la réserve galante du docteur », au sujet du traitement de la scoliose, n'était que le dépit de l'homme éconduit. Les opérations des cyphoses, des scolioses, des lordoses confiées à Mlle Crud, assistée des aides nécessaires pour les bandages et la couture, se faisaient sans autres témoins que les docteurs de la maison et les aides.

Cette mesure de prudence était de nature à refroidir les plus ardents enthousiasmes des docteurs étrangers. Tous venaient à Sens émerveillés des progrès qu'ils avaient constatés chez les infirmes traités à l'Institut, et tous répétaient à l'envi, avec M. Gilles : « S'il s'élève des voix accusant l'abbé Crud de faits précis, de récidives, d'accidents locaux ou généraux funestes, *ces plaintes ne sauraient nous émouvoir : elles ne résistent pas à l'examen d'un seul cas heureux.* » « Il n'y a pas de hasard en chirurgie. Il en est des résultats chirurgicaux d'apparence singulière comme de ces phénomènes de laboratoire observés d'abord à titre d'accidents et qui peuvent être le point de départ de brillantes découvertes. » « On doit avant tout chercher à les reproduire et à trouver le mécanisme de leur formation. » (Mémoire Gilles, page 6.)

Mais la salle des opérations étant fermée à Sens, et Mlle Crud opérant, seule avec ses aides, le redressement des bossus et autres déformés, comment reproduire les phénomènes constatés? Comment trouver le mécanisme de leur formation? D'autre part, M. Crud observe, dans une de ses notes, qu'il y a certaines opérations (comme celle de la luxation de la hanche en avant) qu'on ne peut expliquer clairement qu'en faisant sur le malade les mouvements de l'opérateur. Comment espérer que l'homme défiant qui ferme sa porte aux curieux consentirait à faire sous leurs yeux des opérations qu'ils voudront reproduire sans préparation suffisante et surtout sans les aptitudes nécessaires ?

Le docteur Calot, que sa visite à Sens avait édifié sur le caractère, la science et les prédispositions naturelles de M. Crud à l'orthopédie, le docteur Calot se tait devant les résultats qu'il a constatés, devant ces adolescents soignés par les meilleurs chirurgiens et qui, n'étant pas sûrement en état de guérir spontanément, avaient trouvé la guérison chez M. Crud. (Mémoire Gilles, page 15.) Il se tait parce qu'il y a dans la méthode de Sens un secret qu'il n'a pas saisi, qu'il sent être tout personnel et que les explications les plus précises ne lui livreraient pas. Mais le silence chez lui n'est pas la lassitude et l'abandon des recherches. Son livre *L'orthopédie indispensable aux praticiens* prouve que l'admirable anatomiste qu'il est n'a pas encore le dernier mot, qu'il est distancé et qu'il en a conscience. Ni découragement, ni envieux dénigrement d'une méthode dont il se rapproche ; au contraire, application et recherches persévérantes qui l'amèneront tôt ou tard, grâce à sa science et à ses aptitudes, à embrasser les idées nettes et la pratique très sûre de M. l'abbé Crud.

La luxation congénitale de la hanche à Lyon, à Berck et à Sens.

Nous reproduisons, à l'appui des observations qui précèdent, une note très claire de M. Crud sur le traitement de la luxation congénitale de la hanche.

Le lecteur n'oubliera pas que le remède de la luxation congénitale de la hanche (boiteux de naissance) est le point capital de la découverte de M. Crud et de la transformation de

Pl. X.

Musée orthopédique de Canteleu-lez-Lille.

l'orthopédie ; que cette infirmité, considérée comme incurable entre toutes, était restée sans remède jusqu'en 1892 ; qu'en cette année, M. Crud et sa sœur, ayant à soigner deux fillettes de six ans, l'une pour luxation de la hanche, l'autre pour coxalgie avancée, furent amenés, après examen des procédés employés jusqu'alors par les praticiens, à mettre de côté tous ces procédés et à n'utiliser que les appareils très simples dont ils se servaient déjà pour d'autres affections. Voici la note de M. Crud :

« L'opération de la luxation congénitale de la hanche a été essayée sans succès à l'Institut Pravaz, de Lyon. On y a renoncé dès 1895 ; des intéressés vinrent alors de Lyon nous proposer d'accepter la direction de cet Institut tombé en ruine.

« D'un autre côté, nous savons, par les ouvrages récents du docteur Calot, qu'on essaie, à Berck, ces opérations pour la réduction de la luxation des hanches, et, d'après lui, on arrive à d'assez bons résultats. Mais quelle différence de procédés ! Au lieu de replacer la tête du fémur dans la position qu'elle doit occuper, on commence par des manipulations pour l'amener à proximité de la cavité qui doit la recevoir, puis on l'emplâtre dans cette position qui n'est pas la vraie, et on l'immobilise ainsi pendant trois mois. Par de nouvelles manipulations on la rapproche davantage de la cavité, et de nouveau on immobilise la jambe en l'emplâtrant pour trois autres mois. Après ces six mois d'immobilisation, on fixe définitivement la tête du fémur à la place qu'elle doit occuper. Là encore, immobilisation de trois mois ; et l'infirme est censé guéri.

« Par notre système, au contraire, nous replaçons en une seule séance, et généralement sans douleur, la hanche luxée à sa place naturelle. Nous la fixons par un bandage pendant neuf jours. Au bout de neuf jours d'immobilisation, nous faisons marcher le patient à l'aide de deux bâtons qui le soutiennent bien droit. Durant deux ou trois semaines encore, nous soumettons l'articulation malade à des mouvements divers qui la consolident et la rendent capable de se maintenir en bonne place sans danger de rechute.

« Ce qui veut dire que nous faisons en quatre ou cinq semaines ce qui demande neuf mois aux opérateurs de Berck. C'est le grand avantage qu'il y a pour les boiteux d'aller à l'Institut orthopédique de Lille ou à la clinique d'Arbanats, chez M. l'abbé Belet, très habile et heureux opérateur, l'élève de prédilection de l'abbé Crud. »

Il n'y a pas que la durée du traitement qui différencie les deux méthodes ; il y a encore le traitement « consécutif », la matière employée et l'opération elle-même.

A Berck, l'enlèvement du deuxième et dernier plâtre laisse la jambe libre, mais encore en repos pour deux ou trois semaines. D'elle-même et petit à petit, elle doit revenir à la position correcte. Normalement, cela demande de un à trois mois.

Mais le retour de la jambe à la position normale peut être ou trop lent, ou trop rapide, ou incorrect. Si deux mois après l'enlèvement du deuxième plâtre on remarque la persistance de l'abduction, ou de la flexion, ou de la rotation interne qui compromettraient la réduction de la tête fémorale, nécessiteraient un nouveau plâtre et retarderaient la mise sur pied et les exercices de marche, on préviendra ces accidents par de petits moyens qui prendront environ deux mois.

Si le retour à la position normale est trop rapide, c'est un traitement de six à huit semaines qu'il faudra suivre ; s'il est trop lent, il faudra un traitement de deux mois ; s'il est incorrect, le traitement pourra être le *recommencement* des trois opérations, *devenues nulles,* qui doivent fixer la tête fémorale dans sa cavité naturelle.

Courir une pareille aventure après trois opérations, dont

deux inutiles, et trois immobilisations de trois mois chacune, dont deux dans le plâtre, est une perspective intéressante pour le médecin, mais à coup sûr peu attrayante pour le malade et sa famille. Faudra-t-il y revenir une troisième fois, si le retour de la jambe à la position normale est incorrect une deuxième fois?

C'est insensé, c'est odieux... mais on se fait la conscience en se félicitant de ne pas suivre la méthode Crud.

L'opération par étapes.

Elle est préparée par une série de manœuvres qui doivent brasser, pétrir et allonger les muscles, et par de larges mouvements de circumduction de la cuisse pour assouplir et distendre les tissus mous rétractés.

Puis viennent les manœuvres de réduction, qui sont l'opération proprement dite.

La réduction se sent, se voit et s'entend ; on ne peut pas s'y tromper. Mais elle doit être précédée de deux fausses opérations. A quoi servent-elles ? A quoi servent ces deux plâtres qui, pendant trois mois chacun, vont maintenir des commencements d'opération qui ne doivent pas être maintenus ? Pourquoi *deux* positions de la jambe, chacune immobilisée pendant trois mois ?

« Je ne vous propose pas un rébus, disait M. Crud au docteur Gilles. Voyez les malades, palpez-les, interrogez-les, suivez le traitement consécutif et rendez-vous compte de ce que je fais. »

M. Calot ne parle pas autrement.

Mais après trois mois, après une seule opération et le plus simple traitement de consolidation, M. Crud dit au malade : « Vous êtes guéri, retirez-vous. » Tandis que, après trois mois, M. Calot dit à son client : « Nous allons recommencer pour trois autres mois. Alors, seulement, je placerai la tête du fémur là où elle doit être. Je n'y mettrai plus de plâtre et nous attendrons qu'il plaise à votre jambe de prendre sa place normale. Si elle refuse, nous recommencerons. »

Le traitement consécutif.

Après l'enlèvement du deuxième et dernier appareil plâtré, le docteur Calot maintient le malade couché pendant deux à trois semaines ; il le met ensuite sur pied. Huit jours durant, le malade se tiendra appuyé des deux mains sur une table, sur le dossier d'une chaise, ou contre les barreaux de son lit ; huit jours plus tard, il pourra faire le tour du petit lit..., se tenant aux tringles ; ensuite, avec l'appui de deux mains tenant les siennes, il fera ses premiers pas dans la chambre. Après un mois de ce régime, on remplacera l'appui des mains par celui de deux bâtons. Un mois encore, et il marchera avec un seul bâton que tiendra la main du côté sain. Enfin, trois mois après sa mise sur pieds, il pourra marcher sans aucun appui.

Un an après la réduction du déboitement de la hanche, la guérison sera complète et la boiterie supprimée...

A moins que, une nouvelle série d'opérations devenant nécessaire, il ne faille tout recommencer pendant une nouvelle année.

Il paraît assez singulier que le plâtre soit supprimé après la troisième opération, la seule définitive, dont il importe de garantir le résultat, et qu'il soit prescrit pour les deux premières, qui ne sont que préparatoires.

Nous verrons tout à l'heure ce que sont les plâtres du docteur Calot et quelle peut en être l'efficacité.

L'opération et le traitement consécutif de M. Crud.

Quand, en 1892, commencèrent à La Selle-en-Hermois les merveilleuses guérisons des boiteux, des coxalgiques, des pieds-bots, le personnel de la clinique se composait de M. Crud et de sa sœur. Ils étaient munis d'éclisses légères et de bandes de toile pour tout appareil orthopédique. Avec le nombre des malades augmenta le nombre des guérisseurs et des aides, mais le matériel restera le même.

C'était miracle cette longue théorie de boiteux, pieds-bots, bossus, coxalgiques et déformés de toute sorte, subitement entraînés vers ce petit village de La Selle, qui ne pouvait pas les loger. Plus merveilleux encore était le spectacle du retour des malades chez eux. Quelques jours avaient suffi pour les guérir. Une opération leur avait été faite et, pendant deux semaines, ils avaient laissé leur corps en repos et la nature reprendre son cours normal : une opération et le traitement indiqué par le remède du mal pour assurer la durée de l'opération, c'est tout. Nul étalage d'instruments ingénieux et compliqués, mais une main sûre qui va droit au mal et au remède.

Un visiteur de l'Institut de Canteleu-lez-Lille, témoin de l'opération d'une luxation de la hanche, la raconte en ces termes :

« Les docteurs attachés à l'établissement font jouer six ou huit fois la jambe luxée, pendant que M. l'abbé Crud, posant la main sur la hanche, semble la tâter. Le boiteux, couché sur une planche rembourrée, s'imagine que l'abbé procède à un examen préparatoire, et... l'opération est faite, la tête du fémur est remise comme par enchantement à sa place. Immédiatement, la cuisse et le bassin sont bandés. Neuf jours de lit, quelques semaines de séjour pendant lesquels on fait des massages et certains exercices ou mouvements appropriés, c'est fini.

« Peu importe que la luxation soit en avant, en arrière ou par côté, qu'elle soit récente ou ancienne (10, 20, 30 ans) ou congénitale, c'est-à-dire de naissance, simple ou double...

« Un de nos amis, continue le visiteur, marchait péniblement, depuis plus de vingt ans, sur la pointe du pied, fortement appuyé sur une canne et tout rejeté de côté, le genou en dedans, le bassin relevé en avant. Depuis deux ans surtout, la faiblesse et la déformation allaient s'accentuant de plus en plus. Il ne pouvait monter ou descendre les escaliers qu'en s'appuyant des deux mains sur la rampe, tout recourbé et presque à reculons. A chaque mouvement, il éprouvait des élancements douloureux et, au repos, la jambe luxée se mettait en travers de l'autre.

« Maintenant, tout est en place : le bassin, le fémur et les muscles. Les deux jambes ont été ramenées au parallélisme et les talons portent à terre.

« La cuisse a gagné, en six mois, quatre centimètres de circonférence, quoique le sujet ait dépassé la cinquantaine.

« La jambe, courte de six centimètres, a été allongée, du coup, de trois centimètres, grâce à l'exercice et aux flexions recommandés comme unique traitement.

« Les bandages de l'abbé Crud sont des plus simples : quelques planchettes légères rationnellement placées et maintenues par des bandes de toile...

« Nous sommes loin, on le voit, de la terrible et dangereuse artillerie dite « appareils orthopédiques », qui, trop souvent, n'est propre qu'à produire l'ankylose. »

Ajoutons : Nous sommes loin de l'opération à trois étapes du docteur Calot, et des trois immobilisations successives, de deux mois et demi à trois mois chacune, qui suivent les trois phases de l'opération. Nous sommes loin du traitement consécutif de Berck, qui complète l'année réclamée par le docteur pour guérir son client.

Ici se pose une question de dates.

Parlant des résultats du traitement de la luxation congénitale, le docteur Calot écrit en 1909 (*L'orthopédie indispensable aux praticiens*, page 254) :

« **Ces résultats sont aujourd'hui merveilleux.**

« **Il y a une dizaine d'années, ils étaient encore lamentables.**

« Nous obtenions une fois sur dix, à peine, une réduction anatomique vraie, et, dans tous les autres cas, on avait des récidives soit en arrière, soit surtout en avant, c'est-à-dire une transposition antérieure.

« Mais, aujourd'hui, c'est à coup sûr, peut-on dire, qu'on intervient chez les enfants de moins de 7 ou 8 ans, et l'on arrivera bientôt, grâce à plus d'expérience, à avoir des séries blanches de 100 cas sans une seule récidive. » (*L'orthopédie indispensable*, pages 524-525.)

Les résultats étaient lamentables, il y a une dizaine d'années à peine, dit le docteur Calot en 1909. En 1899 c'était donc encore, et c'est encore aujourd'hui, le régime des traditions surannées, dont parle le docteur Gilles ; en 1899 c'était encore le traitement trop incertain, ou trop complexe, ou même complètement nul, dont parle le docteur Calot.

Mais, en 1899, il y avait sept ans que le traitement certain, simple et efficace existait. M. Crud l'avait découvert en 1892 et l'appliquait, à La Selle-en-Hermois en 1892-1894, puis à Sens en 1894-1898, puis à Lille en 1898. Depuis 1898, les docteurs Salmon, Douvrin et Chantrel, tous élèves du docteur Guermonprez, élèves aussi, pour l'orthopédie, de M. Crud, ne cessent de l'appliquer et ne comptent plus les séries blanches de 100 cas sans récidive qu'ils obtiennent.

On ne peut croire que le docteur Calot ignore présentement le traitement inventé par M. Crud. S'il a mis de côté les opérations sanglantes et les « mécaniques » onéreuses ou compliquées après sa visite à l'Institut de M. Crud, c'est qu'il y a vu, comme son confrère de Marseille, des succès indiscutables et des faits acquis en faveur de la méthode Crud. (*Mémoire Gilles*, page 15.)

Nous l'avons déjà remarqué : la date de la découverte de la guérison de la luxation congénitale de la hanche est absolument fixée, c'est l'année 1892, et le lieu de la découverte, c'est La Selle-en-Hermois. Rien ne peut plus effacer, ou seulement voiler, cette date et ce lieu. Mais il n'est pas inutile de noter, dans les pratiques du docteur Calot, ce qui trahit leur origine. Il n'invente pas ; il voudrait *perfectionner*.

Il croit, sans doute, *perfectionner* l'opération par les trois étapes qu'il impose au patient. Quel peut être l'avantage d'une opération inachevée et, partant, nulle ; puis reprise, et de nouveau interrompue et annulée une deuxième fois ; enfin, achevée au bout de six mois ? Après une immobilisation de six mois en deux fois, contrairement aux données actuelles de l'expérience, le sujet est-il en meilleure disposition pour l'opération définitive ? Il est permis d'en douter. Les deux fausses opérations et les deux immobilisations de trois mois chacune dans le plâtre, que n'autorise pas la physiologie et que condamne l'expérience, ressemblent fâcheusement à un trompe-l'œil. Quel en est le but ?...

Le plâtre du docteur Calot.

Le docteur Calot préconise *le plâtre*, M. l'abbé Crud ne l'emploie jamais.

Pour M. Calot, le traitement par *le plâtre* est le plus efficace en même temps que le plus simple et le plus pratique pour tous, parents, malades et médecins. Dans le traitement du mal de Pott, il déclare nécessaire le *corset plâtré*.

Mais il ne réserve pas le plâtre au traitement du seul mal de Pott ; nous venons de voir qu'il n'hésite pas à prescrire *l'immobilisation par le plâtre,* pendant six mois en deux périodes, dans le traitement de la luxation de la hanche et de la coxalgie. Le pied-bot, la scoliose, la paralysie infantile, traités par le docteur Calot, réclament *le plâtre ;* traités par M. Crud, ils se guérissent *sans plâtre.*

Le plâtre n'est donc pas nécessaire, et, d'ailleurs, il n'est pas sans danger.

Pour apprécier *le plâtre Calot* à sa juste valeur, il suffit d'en connaître la construction prescrite par le docteur dans les plus minutieux détails.

Dans deux cuvettes on verse, dans chacune, cinq verres de *plâtre* et trois verres d'eau froide, sans sel.

Préparée à l'eau froide, la bouillie prend à la 15e minute environ.

Si, au lieu d'un enfant, il s'agit d'un adulte, il faudra doubler les quantités de tarlatane et de bouillie, on aura quatre cuvettes.

Dans la première cuvette, on déroule une bande de tarlatane de 5 mètres de longueur sur une largeur de 12 à 15 centimètres ; elle s'imprègne immédiatement de la quantité de bouillie voulue ; on la roule aussitôt en serrant un peu et, de suite, on l'applique sur le malade, pendant que l'aide prépare de la même façon la deuxième bande et les suivantes.

Puis, dans l'autre cuvette, il plonge peu à peu, en les plissant, mais sans les défaire, les carrés de tarlatane qui s'imprègnent instantanément. On les appliquera sur le malade, par dessus la première bande, après les avoir exprimés à moitié et déplissés. En attendant, on les laisse dans la cuvette.

On doit étaler la bande, c'est-à-dire ne pas faire de cordes ; on doit l'appliquer exactement, mais sans pression. Le trajet des bandes n'est pas compliqué : sur la région des épaules, on passe quelques tours en 8 de chiffre, en évitant de faire des cordes et en débridant le bord trop tendu avec le doigt ou les ciseaux.

On fait ensuite des circulaires à partir de l'aisselle jusqu'en bas.

Ces circulaires s'appliquent bien ; les petits plissements sont négligeables. Chaque tour de bande doit recouvrir à moitié ou au tiers le tour précédent. On obtient, par cette imbrication, un ensemble plus rigide et plus régulier.

Ainsi se fait le premier revêtement continu du tronc.

On applique alors les attelles bien étalées et essorées à moitié. Les attelles sont des carrés de tarlatane. Il y en a deux grandes dont la longueur est une fois et demie celle du tronc, et la largeur la moitié de la circonférence maxima du tronc plus deux à trois centimètres. La longueur de la petite attelle est égale à la circonférence du cou plus trois à quatre centimètres et la largeur égale à la hauteur du cou. Chacune des trois attelles se compose de trois épaisseurs de tarlatane. On applique d'abord l'attelle postérieure, le bord inférieur au niveau de la pointe du coccyx ; le dos est recouvert par les deux tiers de l'attelle. Le tiers supérieur qui dépasse les omoplates a été fendu en deux chefs de largeur égale pour entourer les épaules ; chaque chef passe au-dessus et en avant de l'épaule, ensuite sous l'aisselle et vient se raccorder au bord latéral correspondant de la partie postérieure de l'attelle ; des incisions sur les bords de chaque chef facilitent son adaptation exacte sur le pourtour de l'épaule.

On applique ensuite l'attelle antérieure par son bord supérieur à un doigt au-dessus des clavicules. Elle recouvre les chefs de la précédente et descend sur la poitrine et l'abdomen. Le tiers inférieur de l'attelle est libre et pend sur les cuisses ;

on replie ce tablier sur le tiers moyen, au niveau du ventre ; le pli correspond à la ligne des trochanters et constitue le bord inférieur de l'appareil.

L'attelle du cou est appliquée comme une cravate circulaire par-dessus le revêtement d'ouate. Le bord supérieur de cette pièce s'arrête à un centimètre au-dessous du bord supérieur de la cravate ouatée, et le bord inférieur empiète sur les parties supérieures des deux attelles précédentes. Elle s'enroule exactement, mais sans pression.

Ces trois attelles mises en place, on les solidarise en roulant par-dessus une bande plâtrée, comme on a fait pour celle de dessous, en 8 de chiffre et en circulaires.

Entre les diverses assises de bandes et par-dessus la dernière, on a eu soin d'étaler avec les mains, rapidement, une couche de un à deux millimètres de bouillie plâtrée. C'est le mortier qui unit en un seul bloc les divers plans de l'appareil.

Il n'y a plus qu'à enlever le malade de *l'appareil de soutien*. On laisse l'enfant debout pendant quelques minutes pour ne pas s'exposer à briser l'appareil. Le plâtre paraissant solide, on couche le sujet et une demi-heure après, sur l'enfant couché, on procède à l'émondage. Il consiste à couper, avec un bistouri, le plâtre par petites plaques successives jusqu'à ce que le sujet puisse plier la cuisse à angle droit, si l'on veut qu'il marche avec l'appareil. On laisse le plâtre descendre un peu en pointe sur le pubis et en arrière sur le sacrum. En haut, on échancre de chaque côté des épaules tout ce qui dépasse l'articulation scapulo-humérale. On dégage de deux centimètres les aisselles, on régularise le col par le bord supérieur, et on ouvre sur la poitrine une petite fenêtre provisoire par où l'on retire l'ouate placée devant le jersey pour faciliter le jeu du thorax. Le malade a été préalablement revêtu d'un jersey, sur la peau, doublé d'un carré d'ouate sur la poitrine avant le plâtre.

Si le plâtre est trop faible partout ou en un point, on le

consolide avec une ou deux bandes, ou, plus simplement, avec des carrés de mousseline plaqués sur les points faibles. Pour réussir ces réparations, qui passent pour difficiles, il suffit d'étendre une couche de colle assez liquide (à parties égales d'eau et de plâtre) et d'appliquer sur cette couche les carrés de mousseline plâtrée à une seule épaisseur et un par un.

Deux ou trois jours après, on polit le plâtre avec une couche de un à deux millimètres d'une bouillie un peu épaisse (deux verres de plâtre pour un verre d'eau).

Vingt-quatre heures après le polissage, on ouvre les fenêtres définitives. La difficulté est de ne pas traverser le jersey sans s'en apercevoir ; avec un peu d'habitude, on y arrive aisément. Mais, si cette habitude manque, on aura soin de mettre sur le jersey un carré d'ouate d'un centimètre d'épaisseur aux points où doivent s'ouvrir les fenêtres, avant d'appliquer le plâtre. Grâce à ce carré d'ouate, on peut ouvrir une fenêtre sans aucune crainte de blesser l'enfant.

Nous avons choisi le plâtre qu'emploie le docteur Calot dans le traitement du mal de Pott, parce qu'il est le plus complet et le plus facile à comprendre.

Le docteur n'a pas négligé de régler la durée de la construction du plâtre. En quinze minutes environ, la bouillie préparée à l'eau froide prend. Le praticien a donc à peine un quart d'heure pour faire le corset plâtré, rectifier l'attitude du malade, modeler l'appareil, etc. En prévision d'une durée plus longue, le docteur conseille d'augmenter d'un demi-verre la quantité d'eau, ce qui donnera une marge de quatre à cinq minutes en plus.

Si, au contraire, le plâtre ne prend qu'à la vingtième minute, il faudra augmenter d'un demi-verre la quantité de plâtre.

Mais on ne connaîtra la qualité du plâtre que par un essai préalable, que le docteur appelle une « répétition générale ».

Cela ne donne pas l'idée d'un traitement rapide, facile et garanti.

Quand s'y ajoutent les incertitudes d'opérations incomplètes et les risques d'une opération définitive sans sécurité comme celle de la luxation de la hanche par le docteur Calot, on ne peut se défendre d'une pénible impression où se mêlent défiances et soupçons. Nous nous tournons vers M. Crud pour lui dire : « Montrez-leur vos éclisses et vos bandes de toile afin qu'ils abandonnent ce qu'ils appellent la « construction » des plâtres, qu'ils suppriment les opérations nulles, qu'ils fassent en trois mois ce qui leur prend un an. » Gagnant moins sur chacun des clients, ils gagneront davantage sur le nombre que la confiance alors leur amènera.

La coxalgie à Berck.

La coxalgie est définie par le docteur Calot la tuberculose de l'articulation de la hanche.

M. l'abbé Crud appelle coxalgie la luxation de la hanche à sa période inflammatoire.

Pour le docteur Calot, il y a six variétés de coxalgie, et traitement spécial pour chacune des variétés.

Pour M. Crud, il n'y a que la luxation de la hanche, et le traitement de l'inflammation avant de réduire la luxation.

M. le docteur Calot pose en règle générale qu'on ne doit pas laisser marcher les coxalgiques. Il reste fidèle à la pratique « surannée » de l'immobilisation, « erreur absolue démentie par l'expérience ».

Mais ici, comme dans le traitement de la luxation des hanches, il est préoccupé de différencier sa pratique de celle de M. Crud ; et, tout de suite et sans y prendre garde, il admet les exceptions qui signalent la non-valeur de cette règle et la détruisent. « Il ne faut accorder la liberté de marcher qu'aux seuls malades de la classe ouvrière qui ne peuvent pas être transportés chaque jour au dehors et pour qui le précepte du repos équivaudrait à la condamnation de moisir dans un taudis. »

Les seuls malades de la classe ouvrière que l'on ne peut pas transporter tous les jours au dehors s'y transporteront eux-mêmes ; ils devront être, à cet effet, préalablement munis d'un bon plâtre qui descendra jusqu'aux malléoles et soutenus par deux béquilles qui permettront au malade de marcher avec le seul pied sain.

Le docteur est singulièrement ingénieux. Il sait que *le principe de la mobilisation* a été posé par M. Crud dans son admirable découverte de 1892, que *ce principe* fait partie intégrante de la méthode qui renouvelle l'orthopédie et qui est la méthode Crud. *Il faut l'éliminer à tout prix.*

Mais il y a des malades qui ne peuvent attendre indéfiniment la guérison et qui lâcheraient bientôt le malavisé qui les ferait languir ; pour ceux-là, c'est-à-dire les malades de la classe ouvrière et des hôpitaux, le précepte de l'immobilisation dans la position couchée sera mis de côté. Le praticien fera un grand plâtre allant de l'ombilic aux orteils et n'aura pour objectif que la guérison *rapide* et *définitive*, sans se préoccuper des mouvements. Car *pour ces enfants, le mieux est souvent l'ennemi du bien.* Ils pourront marcher.

Ainsi parle le docteur Calot au praticien qui doit soigner les enfants de la classe ouvrière et de l'hôpital.

Pour les enfants de la ville, très surveillés par leurs parents, le praticien n'emploiera pas le plâtre ; il s'en tiendra au repos sur un cadre avec extension continue. Le traitement installé, il suffira de voir le malade une ou deux fois par mois. Le traitement sera continué jusqu'à la guérison, laquelle pourra être considérée comme acquise de 6 à 8 mois après la disparition de toute douleur, spontanée ou à la pression. Durée totale : 8 à 10 mois *au minimum.* A ce moment, on lève l'enfant en le munissant, pour les premiers exercices de marche, d'un appareil amovible en celluloïd. Avec ces enfants de la ville, très surveillés, il n'y a pas lieu de se mettre en peine pour leur assurer une prompte guérison ; ce sont les clients dont on ne doit en aucun cas précipiter le traitement. Ces malades n'ont rien qui les presse, le praticien pourra prendre son temps. Surtout, il ne faut pas que la *méthode Calot* puisse être confondue avec la *méthode Crud*.

Cette confusion est heureusement évitée, dans le traitement de la luxation congénitale de la hanche, par la géniale découverte des trois opérations, dont deux fausses et une incertaine, du docteur Calot. Dans la coxalgie, il y a un élément spécial dont il faut profiter et qui distingue d'une façon saisissante les deux méthodes : il y a les *clients pauvres* et les *clients riches*, entre lesquels M. Crud ne fait pas de distinction. M. Calot n'a garde de tomber dans la même erreur. Il saisit si nettement l'énorme différence qu'il y a entre un client riche et un client pauvre qu'il crée, pour le riche, un traitement que M. Crud ne sera pas tenté d'imiter, et qu'il laisse au client pauvre le traitement que M. Crud a inventé.

On ne peut s'y tromper, c'est le traitement de M. Crud que le docteur Calot réserve aux clients pauvres. Quels sont les éléments essentiels du traitement Crud ? Le pansement des abcès suppurants, l'opération qui remet la hanche dans sa cavité naturelle, neuf jours d'immobilisation pour maintenir l'opération de la hanche, et deux mois de bandage avec exercice de marche ; tout ce que prescrit le docteur Calot pour le client pauvre. Une seule différence apparaît : M. Calot remplace par le plâtre les bandes et les éclisses de M. Crud ; mais l'un et l'autre visent le même résultat, qui est de consolider l'opération.

De deux choses l'une : ou le traitement prescrit au client pauvre est efficace ou il est inopérant. S'il est inopérant, le docteur n'a pas le droit de l'appliquer. M. Calot, qui le prescrit, le croit donc efficace. Mais alors pourquoi le refuser au client riche ? Après trois mois, le pauvre sera guéri et il n'aura dérangé personne autour de lui. Après un an, le riche attendra encore la guérison à peine commencée et toujours menacée par la plus légère imprudence; soit qu'elle vienne, cette imprudence, du malade lui-même, soit qu'elle résulte de la négligence de son entourage. On ne peut pas dire que l'un des traitements est sûr et que l'autre ne l'est pas. Ils ne sont absolument sûrs ni l'un ni l'autre ; les garanties seraient plutôt favorables au traitement court ; l'autre, pénible pour tout le monde, médecin, patient et famille, étant par surcroît menacé d'insuccès par une imprudence ou une distraction, constitue un danger pour la santé du malade, physique et morale, par sa longueur, son incertitude et l'énervement qu'il produit. Le malade est lié sur le cadre. Toutes les six semaines environ, l'enfant est enlevé de son cadre et déposé sur une table ordinaire, ce qui permettra au médecin de vérifier la position et l'état de la jointure, et à la mère de faire la toilette complète du petit malade. C'est le premier cas : la coxalgie sans déviation. Car le docteur Calot ramène à six tous les cas de coxalgie, et prescrit un traitement spécial pour chacun des six cas.

Le deuxième cas : la coxalgie avec déviation, et les trois cas suivants se traitent partout, en ville comme à l'hôpital, en vue du redressement de la hanche, en plusieurs étapes, chaque étape étant suivie de l'application d'un grand plâtre, et l'appareil changé tous les quatre mois.

Le repos dans le plâtre dure jusqu'à la disparition de toute douleur et, à partir de ce moment, six à dix mois encore.

On lève alors l'enfant, mais avec un appareil (plâtre ou celluloïd) qu'il portera jour et nuit, jusqu'à ce qu'il n'y ait plus de tendance à une nouvelle déviation. Or, cette tendance existe encore généralement un an et demi à deux ans après la mise sur pieds. (*L'orthopédie indispensable*, page 144.)

Pl. XI.

Institut orthopédique de Canteleu-lez-Lille.

Dans le deuxième cas, du douzième au vingtième mois, survient ordinairement un abcès, l'abcès de la coxalgie.

Le troisième cas : coxalgie avec abcès ;

Le quatrième cas : coxalgie avec fistule ;

Le cinquième cas : coxalgie qui s'éternise ou coxalgie sèche ;

Le sixième cas : coxalgie guérie laissant une tare.

Dans le deuxième cas et les trois cas suivants, **la méthode Calot renonce à la conservation des mouvements.** *Le praticien doit même avoir* **pour objectif** *la guérison avec une hanche raide, mais en bonne attitude.*

« Les coxalgies avec abcès guérissent très vite, *en quelques mois,* à partir du jour où se révèle l'abcès, *quand on soigne l'abcès par des ponctions.* »

Cette observation du docteur Calot met en lumière la méthode Crud, qui, depuis 1892, traite ainsi la coxalgie, avec cette différence dont le docteur n'a pas encore saisi l'importance : tandis que M. Calot commence par le redressement de la hanche en plusieurs étapes avec grand plâtre et immobilisation prolongée, M. Crud commence par le traitement de la coxalgie dont il soigne les abcès par les ponctions, et il achève, par la mise en place de la hanche luxée qui garde tous ses mouvements, une guérison qui ne laisse ni raideur ni autre tare.

M. Calot tient à distinguer la coxalgie de la luxation de la hanche ; M. Crud tient à les confondre. Mais, tandis que le traitement du docteur se prolonge sur plusieurs années, celui de M. Crud s'achève en quelques mois. M. Calot accepte la tare, et va jusqu'à en faire son objectif ; M. Crud l'écarte d'abord. Il est évident que le traitement Calot provoque la tare que le docteur éviterait en modifiant son traitement, mais il n'est pas moins évident que cette modification serait l'aveu d'une erreur. Mieux vaut infliger toutes les tares aux malades (raccourcissement, ankylose, luxation) que s'infliger naïvement un certificat d'ignorance.

Les promesses du docteur Calot

« La luxation congénitale de la hanche restait la maladie incurable entre toutes, « l'opprobre de la chirurgie ». Les coxalgies et les maux de Pott suppurés se terminaient par la mort. Or, ces trois maladies, hier encore sans remède, nous savons les guérir à tous coups. Et pour toutes les déviations le traitement a fait de tels progrès qu'on pourrait soutenir, sans grande exagération, que ces affections, les plus ingrates à soigner il y a douze à quinze ans à peine, sont celles qui nous donnent aujourd'hui les guérisons les plus nombreuses et les plus belles.

» Et non seulement nous savons les guérir, mais nous savons les guérir par des procédés **simples, bénins, faciles à appliquer.** »

Nous venons de voir, dans le traitement de la luxation congénitale de la hanche et de la coxalgie, ces procédés simples, bénins, faciles, qui immobilisent le patient une année entière dans la position couchée, tenant autour de lui dans une crainte incessante ses gardes préoccupés d'éviter toute imprudence, toute distraction qui imposerait une nouvelle année du même traitement.

« Le traitement des maladies, hier encore sans remède, ne comporte plus d'opérations considérables et sanglantes et pas davantage de mécaniques onéreuses ou compliquées. »

M. Calot se contente, dans le traitement des trois maladies dites incurables, des corsets et jambières plâtrés, « mécaniques » peu onéreuses, mais assez compliquées, que tout le monde n'est pas apte à réussir ; « mécaniques » surtout encombrantes, car elles sont fragiles, et peuvent amener des retards considérables dans la durée des traitements ; « mécaniques » incommodes et insuffisantes qui nécessitent l'emploi de « mécaniques » plus compliquées et plus encombrantes encore, comme les gouttières Bonnet et les cadres Calot.

Ces corsets et ces jambières plâtrés nécessitent l'intervention du docteur pendant les longs mois du traitement, qui deviennent des années dans bien des cas ; le docteur ne s'en plaindra pas : c'est en cela surtout que le praticien constate la bienfaisance de la Révolution orthopédique.

Cette lenteur du traitement, avantageuse pour le médecin, l'est-elle autant pour le malade et sa famille ? On peut en douter. Mais ce qui n'est pas douteux, c'est l'illusion dont se leurrent les praticiens qui prennent au sérieux les promesses du docteur Calot.

S'adressant aux praticiens, M. Calot leur dit :

« Pour les coxalgies et les maux de Pott suppurés, tout se réduit à des ponctions, moins difficiles à coup sûr que celles que vous faites couramment dans le traitement des pleurésies.

» Pour la luxation congénitale et les autres déviations, la correction s'obtient par de simples manœuvres orthopédiques et se conserve jusqu'à la guérison par un bon plâtre. N'est-ce pas ce que vous faites déjà pour vos fractures et vos luxations traumatiques ?

» Ainsi donc, le traitement des affections orthopédiques est devenu accessible à tous les médecins. Révolution bienfaisante, qui aura les plus heureuses conséquences pratiques ; car il est évident que, pour mille raisons, bonnes ou mauvaises, les neuf dixièmes de ces malades ne pourront jamais aller aux spécialistes. »

Voilà la promesse. Elle est alléchante ; mais écoutez la fin :

« Mais entendons-nous bien, dit le docteur ; lorsque je vous dis que vous pouvez traiter et guérir ces maladies, cela n'est rigoureusement vrai qu'à la première période. Plus tard, vous ne pourrez plus tout, ou même vous ne pourrez plus rien.

» Et je ne vous conseille nullement de vous attaquer à une luxation congénitale de quinze ans, à une coxalgie ou à une gibbosité de plusieurs années. La tâche est alors trop difficile, trop ingrate pour vous, et ceci restera bien toujours l'affaire du spécialiste.

» Non, ce que je demande aux praticiens, c'est de soigner ces maladies à leur apparition, parce qu'à ce moment le mal est très facile à guérir.

» Or, en fait, n'est-ce pas vous, le médecin de la famille, qui voyez les malades tout au début ? Sachez donc utiliser cet avantage inestimable ; sachez profiter de cette période de curabilité facile qui heureusement ne dure pas seulement quelques jours, mais plusieurs semaines, plusieurs mois, et même, pour certaines de ces affections, quelques années.....

» Ah ! si les praticiens qui voient ces maladies au début faisaient leur devoir !.....

» Encore faut-il le connaître, direz-vous.

» Le but de ce livre est justement de vous l'apprendre. J'ai apporté tous mes soins à être clair et concis, sans cependant omettre aucun des détails nécessaires ou utiles. A chaque page, des figures rendent visibles les divers temps du traitement, si bien qu'il n'est pas un seul des procédés reconnus bons que chacun de vous ne puisse appliquer partout, même sans installation spéciale et sans aide exercé.

» J'ose espérer que désormais, grâce à ce guide, tous les médecins de bonne volonté oseront entreprendre et sauront mener à bien le traitement des affections orthopédiques. »

Ces restrictions paraîtront assez étranges après le cri de triomphe de M. Calot : « **Ces trois maladies, hier encore sans remède, nous savons les guérir à tous coups.** »

Sous le prétexte que les praticiens doivent connaître les infirmités des enfants dès leur naissance, et que, étant les médecins des familles de ces enfants infirmes, ils seront appelés à donner leurs soins à ces enfants dès le début de leurs infirmités, M. Calot veut se persuader qu'une clientèle actuellement en souffrance attend que le médecin fasse son devoir (?).

Qu'est-ce que cela veut dire ? Comment le médecin connaîtra-t-il ces infirmes de naissance, si la famille ne les lui fait pas connaître ? N'est-il pas certain que le plus grand nombre des cas restent soigneusement cachés, niés, dissimulés par les parents jusqu'au moment où l'infirmité devient apparente, c'est-à-dire après plusieurs années ?

M. Calot dit aux médecins : « Je vous demande de soigner ces maladies à leur apparition ; à ce moment vous pouvez les guérir. »

M. l'abbé Crud leur tient un autre langage : « On traite les luxations congénitales *de tout âge* avec succès, par notre méthode. »

La méthode de M. Crud n'admet ni les opérations par étapes, ni les plâtres, ni les immobilisations prolongées, ni les cadres, ni les instruments orthopédiques de la méthode Calot. Rapidité de l'opération, procédés généralement indolores, courte durée et simplicité du traitement, tels sont les traits distinctifs de la méthode Crud. Nous pouvons ajouter ce dernier trait : économie, durée et facilité de la guérison.

Quelle déception pour le médecin, orthopédiste de rencontre, à qui des merveilles, presque des miracles, sont promis dans **l'avertissement** du docteur Calot, quand, parcourant le livre, il y a rencontré partout des traitements qui ne peuvent être exécutés qu'en suivant rigoureusement le texte de l'auteur, le livre en main, et qui doivent se prolonger des années ! Quelles peuvent être les réflexions d'un praticien consciencieux devant cet étalage de science, qui masque insuffisamment l'impuissance de la méthode, mais découvre trop visiblement le profit de l'opérateur ?

CHAPITRE TROISIÈME

LE SECRET DE M. L'ABBÉ CRUD

**Beaucoup de dévouement. — Assez de science et d'aptitudes. — Peu d'argent.
Ceux qui viennent au « rebouteur »**

Beaucoup de dévouement

« Le reboutage est une science essentiellement pratique, une branche importante de la chirurgie, négligée, dédaignée même par un grand nombre de médecins. Aussi que d'infirmes, boiteux, bossus, atteints d'infirmités déplorables traînent leur misérable vie, déshéritée des plus légitimes jouissances, que le reboutage aurait pu guérir ! » Cette réflexion, où l'on sent comme les battements d'un cœur ému de douloureuse compassion, est de M. l'abbé Crud. Il disait, il dit encore : « Je ne puis voir un infirme sans éprouver à la fois une réelle douleur de son infirmité et un désir violent de la guérir. » Comme cet homme déplore la négligence dédaigneuse dont tant d'infirmes sont les victimes délaissées !

Parce que des « rebouteurs » vulgaires, sans études et sans diplôme, ont à cœur de soulager ces infirmes, nos jeunes docteurs croiraient déchoir s'ils mettaient leur prétendue science à la remorque de l'expérience éprouvée d'un empirique. Mais s'il survient, dans la haute clientèle de ces docteurs, quelque cas plus ou moins grave d'infirmité congénitale ou acquise, quelles monstrueuses erreurs commettent, au nom de leur science, ces praticiens, rebouteurs improvisés, dès qu'ils entreprennent la réduction d'une luxation ou l'opération d'une fracture ! Leur diagnostic découvre des complications infinies dans le plus simple des cas, et nous les voyons immobiliser dans le plâtre de pauvres enfants qui en sortiront, après des années, infirmes pour la vie. Ces savants diplômés, sans expérience, uniquement soucieux de sauvegarder le prestige de leur diplôme, prennent au hasard, dans un auteur renommé, le traitement d'un cas qui leur paraît être le cas qu'ils ont à traiter, et ils vont à l'aventure, incapables également de reconnaître leur erreur et de la corriger.

L'infatuation du diplôme n'est pas inspiratrice du dévouement, elle en est plutôt destructive. Le dévouement aux malades concentre sur leur mal toutes les ressources d'une intelligence éclairée qui veut connaître ce mal et d'un cœur bon et généreux qui veut le guérir. Le médecin dévoué n'a pas les mesquines préoccupations de la gloriole personnelle.

Quand, missionnaire dans les forêts du Wisconsin, M. Crud soignait les pauvres infirmes qu'il rencontrait, un seul but était le sien : les guérir. Il soignait les corps déformés ou brisés, comme il soignait les âmes, celles-ci pour les rendre saines et fortes, ceux-là pour les rendre sains et forts. Dans ce ministère, en double exemplaire, il ne prenait nul souci de sa personne, sinon pour la mettre en état d'augmenter le nombre de ses clients par une grande application à les servir.

Le docteur Fernand Barbary, en 1899, faisait cette constatation :

« La vogue de l'abbé Crud est telle que près de Lille, dans un établissement spécial, il a eu à traiter jusqu'à 300 malades par jour. »

Ce fut la petite moyenne des traitements quotidiens à l'Institut de Sens. Cette affluence avait déjà pris, à La Selle-en-

Hermois, des proportions qui mirent M. Crud dans l'obligation d'abandonner le ministère paroissial et de créer l'Institut.

Quel autre mobile que le dévouement aux infirmes pouvait amener l'ancien missionnaire à consacrer sa vie sacerdotale aux boiteux, aux pieds-bots, aux bossus, à tous les déformés qui se présentaient, sans autre récompense pour le guérisseur que leurs paroles de remerciement et la joie que lui donnait le bien qu'il venait de leur faire ?

Nos docteurs peuvent-ils comprendre cette conduite de M. Crud ? — Oui, tous. — Peuvent-ils l'imiter ? — Non, en grande majorité. Là pourtant est presque tout le secret du « célèbre empirique ».

Son cœur a plus fait par le dévouement inlassable que la science et les merveilleuses aptitudes qu'il mettait au service des malades, plus même que son prodigieux désintéressement, pendant les sept années de La Selle-en-Hermois, pour attirer et retenir auprès de lui les milliers d'infirmes qu'il a guéris.

A Sens, un tarif, que nos docteurs trouveraient dérisoire, permit à M. Crud de bâtir l'Institut de Lille. Ce ne fut pas la fortune qu'il chercha, ce fut le confort pour ce peuple d'infirmes qu'il a tant aimés.

Assez de science et d'aptitudes

M. l'abbé Crud écrit : « Je pourrais citer par centaines des exemples qui prouvent qu'il y a une grande lacune dans l'enseignement de la chirurgie et que *les livres qui traitent ces matières sont tout à fait insuffisants, car il faut avant tout la pratique.*

» J'ai sous les yeux un gros volume d'un célèbre professeur de chirurgie, qui traite ces matières « *in extenso* » et qui sait étayer ses démonstrations d'une multitude de témoignages de chirurgiens en renom qui les ont traitées avant lui.

» On ne peut nier que l'ouvrage soit rempli d'une grande érudition développée dans un style irréprochable. Mais là même un rebouteur expérimenté verra tout de suite que le professeur, quoique très savant, n'a pas la pratique du reboutage. Il serait bien mieux à sa place dans les opérations sanglantes de la chirurgie.

» Il est convaincu, puisqu'il y a plus de trente ans qu'il l'enseigne à ses élèves, il est convaincu que tout déplacement des os est une fracture. Pour lui, il n'y a pas de luxation.

» Je suis loin de contester la science de nos médecins français en particulier, et leur traitement des maladies internes ; j'admire les opérations sanglantes qu'ils sont obligés de pratiquer dans une foule de cas. Mais je ne peux pas ne pas voir la lacune considérable qui existe dans l'enseignement de la chirurgie non sanglante. »

M. l'abbé Crud, élève intelligent d'un praticien très habile, s'est appliqué, pendant cinquante ans, à développer par l'expérience les aptitudes dont il se sentait doué. Toute restreinte qu'elle est à quelques spécialités de la chirurgie non sanglante, sa science sur ces spécialités est autrement sûre et avertie que celle de diplômés qui possèdent à peine les notions élémentaires de tant de connaissances diverses qu'embrasse le diplôme. Là comme partout, qui trop embrasse mal étreint.

Ils possèdent peut-être la table des matières de leur immense bibliothèque médicale ; mais ce n'est pas cela qui s'appelle *savoir la médecine*. *M. Crud ne sait que le reboutage, mais il sait le reboutage* que nos praticiens universels *ne savent pas. Il sait le reboutage* qu'il pratique depuis cinquante ans, et que nos docteurs auraient honte de pratiquer ; et par le reboutage il guérit boiteux, bossus, pieds-bots que nos *savants praticiens savent surtout estropier*.

Assez de science. M. Crud a ce qu'il en faut pour guérir, puisqu'il guérit ces infirmes ; nos praticiens n'en ont pas assez, puisqu'ils ne savent pas guérir.

M. Crud s'est spécialisé en suivant la voie où l'entraînaient ses aptitudes, et il est arrivé à la merveilleuse découverte qui immortalisera son nom. Nous aurions moins de morticoles, si nous avions plus de médecins capables de comprendre que la science et le progrès pour eux ne sont pas dans les stériles spéculations que l'expérience ne confirme pas, mais dans l'expérience secondée par une intelligence ouverte et attentive.

Nous aurions beaucoup plus d'habiles spécialistes, où serait le malheur ?

Nos médecins ne s'étonneraient plus de voir tant de guérisseurs sortir de terre. Ce fait leur serait une leçon ; rappelés par lui au sentiment de leur impuissance dans les difficultés d'une besogne trop étendue, ils choisiraient le point où les poussent leurs aptitudes, et sur ce point ils concentreraient leurs efforts. Bientôt munis d'une science profonde et sûre, par la pratique journalière du traitement d'un mal spécialement étudié, ils seraient en mesure de le guérir à « tous coups ».

C'est ce que M. Crud a su faire. « *Il fait bon marché de la science médicale*, dit le docteur Gilles, *et de l'anatomie pathologique.* » Qui voudra l'en blâmer, parmi ceux qui connaissent les innombrables guérisons qu'il a opérées ? On est tenté de répondre au blâme dédaigneux du docteur Gilles : « *Tâchez, docteur, de savoir seulement ce que sait M. Crud, et contentez-vous de faire ce qu'il a fait.* »

Comme M. l'abbé Crud ont agi MM. les abbés Cottance, Meignien, Magnat, Barricault, Garcin, Magniez, Dupuy, etc., etc., s'attachant à une spécialité dont ils poursuivent le progrès pendant quarante-cinq ans d'expérimentation et de succès, comme a fait M. Barricault.

M. l'abbé Cottance, curé de Gy-les-Nonains, par Saint-Germain-des-Prés (Loiret), est très habile, spécialement dans les maladies de peau.

M. l'abbé Meignien, ancien curé de Mesnil-en-Xaintois (Vosges), habite aujourd'hui Paris. Sa spécialité est le massage, appliqué à nombre de maladies où ce genre d'intervention ne paraissait pas praticable. Il est l'auteur de deux petites brochures curieuses sur le massage.

M. l'abbé Magnat, curé d'Ancône (Drôme), est l'inventeur de la « Boisson blanche » contre les maladies microbiennes (érisipèle, rougeole, scarlatine, influenza, fièvres, etc.).

M. l'abbé Barricault, curé de Chouppes (Vienne), traite la tuberculose pulmonaire et les autres maladies de poitrine ; traitement rationnel, inoffensif et très efficace.

M. l'abbé Garcin, curé de Valernes, par Sisteron (Basses-Alpes) : traitement et guérison de toutes les altérations du sang par l' « extrait dépuratif des Alpes ».

M. l'abbé Magniez, curé de Brujin, par Houdain (Pas-de-Calais), guérit les maladies des yeux et de l'estomac, rhumatismes, eczémas.

L'abbé A. Dupuy, 7, Laloubère, Tarbes (Hautes-Pyrénées). Guérison des cancers et fibromes certaine par un traitement médical rationnel. Plus d'opérations. (Brochure de l'abbé Dupuy.)

L'abbé Soury. Pharmacie Mag Dumontier, à Rouen (Seine-Inférieure). Par la *Jouvence* sont prévenus les malaises de *l'âge critique* : hémorragies, troubles de la circulation du sang, étourdissements, chaleurs, vapeurs, congestions, varices, phlébites. (Notice contenant renseignements gratis.)

L'abbé Chaupitre, de Rennes (Ille-et-Vilaine), préconise un système à lui de petites fioles contenant des médicaments qui guérissent les malades. Condamné pour exercice illégal de la médecine, il a payé l'amende, mais il refuse de payer les dommages-intérêts réclamés par les Syndicats plaignants ; ce qui va l'amener à faire quatre mois de prison pour payer sa dette de sa personne.

Mais il a voulu, avant d'entrer en cellule, dire un dernier mot au Président du Syndicat médical de Rennes :

« Monsieur le Président, voici une dernière proposition devant laquelle vous ne reculerez pas, c'est impossible.

» Puisqu'en me faisant emprisonner vous défendez les malades, nous allons concourir tous les deux à qui en guérira le plus pendant un an.

» Si je n'en guéris pas *dix fois autant que vous*, je remise mes petites bouteilles ; vous n'en verrez plus jamais une et je vous enverrai aussitôt les 1.113 francs que vous paraissez tant convoiter (onze cent treize francs).

» Dans le cas contraire, vous voudrez bien prendre ma place pendant quatre mois à la maison d'arrêt et déposer le grand bonnet de docteur devenu par trop humiliant. »

Les malades ne manqueraient pas au docteur, sûrs pour une fois d'être bien traités... Mais le docteur continue de se taire : La parole est d'argent et le silence est d'or.

Etc., etc., etc.

Peu d'argent

« On venait à nous, écrit M. Crud, principalement parce que nous n'exigions rien pour notre travail, et parce que nous réussissions à remettre les fractures et les luxations des membres. »

La clientèle demande au praticien le désintéressement et le succès. Elle veut la preuve qu'elle n'a pas affaire à un charlatan. Si le désintéressement et le succès fournissent cette preuve, nul ne fut moins charlatan que M. Crud.

Quel praticien, même fortuné, se fût, pendant sept ans, mis à la discrétion de sa clientèle ? M. Crud raconte avec humour quelques-unes des surprises que sa générosité lui a causées. Il avait traité et guéri la fracture d'un bras d'une riche fermière du voisinage. Cette femme, pour témoigner au guérisseur la vive reconnaissance qu'elle croyait lui devoir, apporta à M. Crud un litre de lait, en y ajoutant cette observation qui donnait au cadeau tout son prix : « Le lait n'est pas écrémé. »

Mais, en même temps, M. Crud apprenait d'un autre client qu'il y a parfois des obligés intelligents et généreux. Le père d'une jeune infirme guérie de la luxation congénitale d'une hanche vint de Paris remercier le guérisseur. Après avoir exprimé son ravissement et sa joie de la guérison de sa fille, il prit congé de M. Crud en laissant discrètement sur la cheminée une enveloppe où il avait enfermé six billets de cent francs.

A l'époque où M. Crud, curé de La Selle-en-Hermois, traitait, avec le dévouement et les succès que nous avons dits, la foule des infirmes que sa renommée attirait, il ne lui vint pas à l'esprit qu'il pourrait exploiter sa découverte en fondant un Institut. Il fallut le soulèvement du corps médical du Loiret pour l'obliger à quitter sa paroisse de La Selle et l'amener à fonder l'Institut de Sens. Même alors, quand il devenait nécessaire de prévoir des dépenses considérables et de toute nature, il abandonna au docteur Colombe le soin d'établir un tarif, se réservant l'unique soin d'en réduire les chiffres.

Les syndicats de médecins qui se forment de tous les côtés ont d'autres soucis ; sans doute, ils veulent offrir au malade cette garantie qu'en s'adressant à l'un ou à l'autre des médecins syndiqués il n'est pas exposé à subir un tarif arbitraire, puisque un tarif commun fait loi. Mais sur quelle base ce tarif a-t-il été établi ? et pourquoi un tarif là où la charité réclame une si large place ? L'application même du tarif n'est-elle pas arbitraire ? Le seul intérêt du médecin est garanti par le tarif syndical.

M. Crud avait une autre conception du ministère nouveau qu'il avait accepté. Formé au soin des âmes par vingt années

158   TROISIÈME PARTIE

de missions, quand il se donna aux soins des corps il le fit dans les mêmes conditions de désintéressement, d'oubli de soi qui avait donné à sa vie de missionnaire tant de succès et de mérites. Ce fut tout le secret du savant qui ne voulut être qu'un « rebouteur ».

Il se donna tout entier à l'œuvre nouvelle, comme il s'était donné à la première. Pour lui, il ne s'agissait pas d'édifier une fortune et d'illustrer son nom ; il s'agissait de multiplier les guérisons et de diminuer d'autant la somme des misères humaines.

Il laissa à Dieu et à ses obligés le souci de sa fortune et de sa renommée ; Dieu et les obligés ont bien fait les choses : Dieu a donné le succès, car si M. Crud soigne, c'est Dieu qui guérit ; et par surcroît les guéris ont ajouté la fortune au renom.

Ceux qui viennent au « Rebouteur »

M. l'abbé Crud a pu inscrire, parmi l'immense foule de ses clients, quelques-uns des plus beaux noms de France. Mais rien ne pouvait le toucher, l'enorgueillir davantage que les suffrages de ses supérieurs ecclésiastiques et leur concours. C'est Mgr Coullié, alors évêque d'Orléans, qui lui envoie, pour qu'il le guérisse, le curé de Pithiviers, Mgr Chabot. C'est le cardinal Richard, qui lui confie, pour la soigner, et la guérir, sa petite-nièce, Mlle M. de la Vergne, boiteuse. C'est Mgr Ardin, archevêque de Sens, qui lui recommande une parente très âgée, dont M. Crud améliore sensiblement la santé atteinte par une longue infirmité. Ce sont NN. SS. Goutte-Soulard, Déchelette, Meunier, Dizien, etc., qui lui envoient leurs parents et leurs protégés. C'est le nombre imposant des prêtres qui lui recommandent des infirmes et lui offrent le témoignage de leur admiration et de la gratitude des malades guéris. Ce merveilleux concours du monde ecclésiastique permit à M. Crud d'affirmer que, dans le cours déjà long de son ministère, il n'avait jamais été plus respecté et plus félicité que depuis l'époque de sa grande découverte.

Tout particulièrement sensible lui fut l'affluence des médecins qui lui amenèrent des malades, ou vinrent auprès de lui se renseigner et s'instruire. Il n'y a pas en France que des docteurs Bénard, Gilles et Calot. Les Guermonprez, les Salmon, les Douvrin, les Chantrel représentent cette masse des docteurs, vrais médecins, pour qui la médecine est une œuvre de miséricorde corporelle et ne vaut que par le bien qu'elle leur permet de faire.

Certes, M. Crud fut heureux et flatté d'offrir ses précieux services aux infirmes des classes nobles et fortunées ; mais comme le missionnaire de Robinsonville se sentait plus chez lui et à l'aise au milieu des centaines de ces enfants du peuple que le bon peuple de France lui envoyait ! Qu'elles lui furent douces et chères ces lettres qui lui apportèrent l'expression de la reconnaissance des milliers d'infirmes qu'il renvoya guéris ! Et qu'il est heureux de penser qu'il y aura longtemps encore, auprès des cliniques réservées au luxe et à l'or, des cliniques plus modestes et plus utiles dont la charité seule ouvrira les portes !

Institut de Lille. — Façade principale.

L'ABBÉ CRUD ET L'ORTHOPÉDIE

QUATRIÈME PARTIE

LES SUCCESSEURS DE M. L'ABBÉ CRUD

CHAPITRE PREMIER

LE Dr SALMON, DIRECTEUR DE l'INSTITUT DE CANTELEU-LEZ-LILLE

L'Institut de Canteleu-lez-Lille en 1902.
Les infiltrations étrangères. — « Auri sacra fames »
La formation des praticiens diplômés.
Les appréhensions de M. l'abbé Crud.

« Voici la vieillesse rendue, disait M. Crud ; il est temps de préparer l'avenir de notre œuvre et de former des élèves. »

L'admiration désintéressée du docteur Guermonprez pour l'œuvre géniale de M. l'abbé Crud offrit au fondateur de l'Institut de Sens les éléments nécessaires à sa continuation.

Trois élèves du docteur, munis de leurs diplômes, les jeunes docteurs Salmon, Douvrin et Chantrel, partageant l'admiration de leur maître pour l'œuvre de Sens, consacrèrent à son développement et à sa défense un inlassable dévouement, des aptitudes remarquables à s'assimiler les procédés de la méthode, surtout une abnégation méritoire à l'endroit de cette science gourmée, exclusive, que l'on puise aux sources officielles. Mettant de côté sans vergogne diplôme et préjugés, ils redevinrent pour un temps les élèves attentifs d'un prêtre qui enseignait et pratiquait une orthopédie nouvelle, complétait sur un point important et corrigeait leur science médicale faussée, et leur apprenait ce que doit être l'art, ou, si l'on veut, la science de la médecine, dont un si grand nombre font un métier et un instrument de fortune. A son exemple, ils en firent un ministère.

Leur concours rendit possible le splendide Institut de Canteleu-lez-Lille, où ils règnent aujourd'hui en maîtres.

Mais *assueta vilescunt* ; l'habitude, qui fait la vertu, la compromet quelquefois. On se lasse d'un dévouement et d'un désintéressement méconnus, ou seulement ignorés. Il fallait prévoir les défaillances possibles dans une situation qui, n'étant que modeste, ne pouvait satisfaire une plus haute ambition. La Providence y pourvut. Un élève, que M. Crud n'attendait pas, vint s'offrir et fut agréé. M. Crud ne put le méconnaître. Sous le même habit, ils avaient le même cœur et la même charité. Il fut le disciple préféré.

L'Institut de Canteleu-lez-Lille en 1902

Une note, brève mais intéressante, publiée par le *Patriote Orléanais* du 27 septembre 1902, donne, sur l'état de l'Institut, à cette date, et sur les travaux qu'on y fait, quelques utiles précisions.

« Il y a sept ou huit ans, dit cette note, un bon vieux curé (M. Crud en 1894 avait soixante-six ans), ancien missionnaire, ouvrait, à Sens, en Bourgogne, un Institut orthopédique, dont il confiait la direction à un docteur en médecine. Il voulait mettre en pratique les notions de reboutage qu'il avait reçues dans sa jeunesse, à l'école d'un vieux praticien, son oncle, et qu'il avait développées pendant un séjour de vingt-cinq années dans l'Amérique du Nord.

» On ne tarda pas à voir accourir, de tous les points de la France et de l'étranger, de nombreux malades, qui venaient demander à l'Institut de Sens le soulagement ou la guérison qu'ils n'avaient pu trouver ailleurs.

» C'étaient les luxations congénitales des hanches avec leur claudication dès que l'enfant fait ses premiers pas ; les paralysies infantiles, suite des convulsions, cette terreur des mères ; les déviations de la taille chez les fillettes et les jeunes filles, que les corsets les plus artistiques ne peuvent maintenir et qui sont la source de tant de larmes ; les pieds-bots, les coxalgies, les maux de Pott, la plupart des affections articulaires, musculaires, osseuses, etc.

» Au lieu des longues immobilisations, des corsets, appareils, chaussures orthopédiques qui ne sont, malgré leur prix élevé, que de véritables instruments de supplice et ne guérissent pas, tous ces déshérités de la nature trouvaient là un traitement simple, rationnel, sans douleur.

» Le public médical s'émut ; les critiques les plus sévères s'élevèrent contre une pratique empirique. Il était trop tard... Des médecins avaient compris l'idée maîtresse d'une méthode qui avait les liens les plus étroits avec la science, la physiologie et l'anatomie. C'est ainsi que l'établissement de Sens, devenu bientôt trop petit et transporté à Canteleu-lez-Lille, multiplie les bienfaits au milieu des nombreuses populations du Nord.

» La chose n'a rien en soi d'extraordinaire ; elle ne nous

surprend aujourd'hui que parce qu'elle est tardive. La vérité, c'est que l'orthopédie est une branche de la science thérapeutique restée longtemps fort en dehors du progrès et qui ne s'était pas développée parallèlement aux autres parties de la médecine et de la chirurgie.

» Du jour où des médecins possédant des connaissances anatomiques précises s'en sont occupés, il était naturel que des méthodes nouvelles fussent découvertes et adoptées, que leurs résultats fussent consacrés par la science et que, par suite, le vieux matériel des corsets et des bandages bardés de fer, des appareils et chaussures orthopédiques, souvent plus gênants pour le malade que l'infirmité elle-même, tombât immédiatement en décadence. C'est ce qui est arrivé et il est bien regrettable que l'Institut de Canteleu, le seul en France à notre connaissance, où tant de malheureux viennent chercher un soulagement à leurs misères, n'ait pas existé depuis longtemps.

» Bel et imposant édifice, l'établissement est encadré dans un agréable décor de verdure, entouré de pelouses et d'ombrages. Rien d'un hôpital; l'aspect d'un riant pensionnat. Effectivement partent des salles, des réfectoires, des dortoirs de jeunes filles, de jeunes gens, des chambres particulières, des cris et des éclats qui sonnent la joie et le bonheur. Tout de suite on a la sensation que les malades viennent là avec la certitude d'une guérison obtenue par des moyens qui n'ont rien de rébarbatif.

» La méthode employée est en effet bien simple; elle repose tout entière sur l'anatomie et la physiologie; elle procède par un massage raisonné, une gymnastique spéciale toujours faite par le médecin lui-même pour redresser les parties défectueuses du squelette, développer, allonger, fortifier les muscles affaiblis, rétractés ou atrophiés, assouplir et remettre en place les articulations malades ou déplacées, etc.

» De même que le canotage développe les biceps, de même

un exercice approprié et répété régulièrement ramène ou consolide la vie dans les organes les plus déshérités : comme dans l'Evangile, les boiteux marchent et les bossus sont redressés. Un massage rationnel qui rétablit la circulation, des exercices progressifs qui redressent les lignes déformées suffisent à la réalisation de ce miracle, qui n'en est pas un, puisqu'il doit tout à la science.

» C'est là non seulement une belle œuvre scientifique, mais encore une grande œuvre humanitaire qui honore hautement les médecins de l'établissement et leurs dévouées collaboratrices, les humbles Filles de la Sagesse, qui remplacent près des plus petits les mères que leurs occupations retiennent à la maison.

» La porte de l'établissement est ouverte à tous, au pauvre comme au riche. Les conditions sont, en effet, toujours modérées, et l'on ne compte plus aujourd'hui les malades et les infirmes qui sont partis guéris à tout jamais après un traitement de quelques semaines ou de quelques mois.

» On peut voir là-bas un musée peu banal, composé de tous les appareils laissés par les malades à leur sortie de l'établissement. Ce sont autant d'*ex-voto* qui témoignent de leur reconnaissance.

» Ces armatures de fer et d'acier, ces gouttières rembourrées, ces appareils plâtrés ont déjà comme un aspect de très vieilles et très naïves choses. C'est l'orthopédie d'autrefois qui a désarmé devant la science, c'est le long martyrologe des infirmes qui apparaît en pleine lumière, enfin aboli par la belle et intelligente initiative des médecins qui se sont consacrés à cette œuvre. Leurs noms peuvent être ajoutés à la liste des bienfaiteurs de l'humanité.

» P. ROUBLASTRE. »

Nous avons introduit le nom de M. Crud dans cette note, au moyen d'une parenthèse qui corrige un oubli de l'auteur.

En 1902, M. Crud n'était plus à Lille, et l'Institut de Canteleu était toujours la propriété personnelle, exclusive de M. Crud. Les médecins qui dirigeaient l'Institut le tenaient en location de l'unique propriétaire ; M. Crud n'avait avec eux que des relations de politesse, réduites à l'envoi d'une carte au 1ᵉʳ janvier.

Au 1ᵉʳ janvier 1902, M. Crud, qui avait quitté Canteleu-Lille dans les derniers mois de 1901, était à Pont-d'Ain, la résidence des missionnaires de Belley, dans la solitude et la paix.

La clientèle de l'Institut avait subi, au départ de M. l'abbé et de Mˡˡᵉ Crud, la diminution inquiétante dont nous avons parlé, et elle ne se relevait pas. Les docteurs ne pouvaient ignorer que les malades, en grand nombre, s'adressaient encore à M. Crud, avant de demander leur admission, et ils imputaient aux conseils du fondateur de l'Institut la ruine qui menaçait. Cette déraisonnable imputation nous donne la clef de la note que nous venons de reproduire :

L'auteur de cette note ne veut connaître que les médecins (docteurs Salmon, Douvrin et Chantrel) qui dirigent l'Institut. Il avance cette insinuation invraisemblable : « *Du jour où des médecins possédant des connaissances anatomiques précises se sont occupés de l'orthopédie,* **il était naturel que des méthodes nouvelles fussent découvertes et adoptées.** »

M. Crud n'avait auprès de lui que sa sœur quand il découvrit, en 1892, à La Selle-en-Hermois, la guérison de la luxation congénitale de la hanche et de la coxalgie par la méthode qui porte son nom. Les **docteurs** Salmon, Douvrin et Chantrel *n'étaient pas encore nés ; et les docteurs Gilles et Calot ne reprochaient pas alors à la Faculté officielle d'enseigner des erreurs absolues démenties par l'expérience, et de n'indiquer que des procédés trop incertains ou trop complexes ou même complètement nuls dans le traitement des maladies réputées incurables.* Pourquoi donner à entendre, en 1902, que les premiers venus parmi les diplômés, possédant des connaissances anatomiques précises, ont pu découvrir la guérison des luxations congénitales, des coxalgies et des maux de Pott ?

Il était si simple, si vrai et si honnête de dire que la méthode de M. Crud guérit les maladies jusque là réputées incurables ; qu'à cette méthode les docteurs Salmon, Douvrin et Chantrel furent initiés par M. Crud lui-même ; que les docteurs, ses élèves, appliquent scrupuleusement sa méthode, persuadés qu'ils ne feraient pas mieux en la changeant.

Est-il vrai, d'ailleurs, que n'importe qui parmi les diplômés, possédant des connaissances anatomiques précises, aurait naturellement découvert la méthode de M. Crud ? Cela est si peu vrai que les diplômés, après la découverte de la méthode, aujourd'hui *vieille de vingt ans*, sont encore incapables de l'appliquer. Aux plus hardis, M. Calot n'hésite pas à dire : « Je ne vous conseille nullement de vous attaquer à une luxation congénitale de quinze ans, à une coxalgie ou à une gibbosité vieilles de plusieurs années. La tâche est alors *trop difficile*, trop ingrate pour vous et ceci restera bien toujours l'affaire du spécialiste. »

Si les docteurs Salmon, Douvrin et Chantrel, initiés par M. Crud à sa méthode, en tirent aujourd'hui les merveilleux résultats que tout le monde admire, en sont-ils devenus les auteurs parce qu'ils savent l'appliquer ? Oseraient-ils dire qu'ils ont fait la découverte de la guérison des luxations congénitales, des coxalgies et des gibbosités parce qu'ils peuvent les guérir ?

De qui ont-ils appris, en cela, ce qu'ils savent ? De M. Crud.

Nous ne leur imputons pas le singulier langage du signataire de cette note. Mais après les docteurs Colombe et Bénard, après les docteurs Gilles et Calot, n'a-t-on plus rien à craindre des entreprises inspirées aux diplômés par la jalousie, la cupidité, l'amour-propre, ou même une sotte gloriole ? Qui voudra blâmer M. Crud de prendre les mesures nécessaires pour garder la propriété de son invention ?

Les infiltrations étrangères

Sont-elles à redouter ? — Oui, pour les raisons que nous venons de dire ; mais surtout parce que rien, aujourd'hui, n'en préserve la méthode de M. Crud. Elle n'est pas fixée dans un traité autorisé, authentique, qui permette d'en rappeler les formules contre les tentatives d'altérations possibles, sinon probables.

Il existe, nous le savons, écrit tout entier de la main de M. Crud, un exposé de sa méthode. Cet unique exemplaire est évidemment impuissant à garantir la masse pauvre des infirmes contre les modifications que lui feraient subir des praticiens inexpérimentés ou cupides. Les riches n'hésiteront pas à recourir au dépositaire de la méthode authentique, aujourd'hui M. l'abbé Belet, pour s'assurer tous les avantages d'un traitement rapide, simple et efficace. Mais que deviendront ceux qui ne peuvent contrôler et choisir ? Iront-ils demander à M. Calot ses interminables procédés d'opérations par étapes, ses applications d'appareils plâtrés plus dangereux même qu'inutiles ? Recourront-ils aux précautions obligatoires, imposées, des années durant après la guérison, pour éviter les récidives ? Accepteront-ils la gymnastique suédoise, l'électricité, la radiographie, chères au docteur Gilles ?

Qu'il plaise à tel praticien d'ajouter à l'unique opération que comporte la réduction de la luxation congénitale de la hanche, une deuxième, une troisième opération, puis une quatrième avant l'opération définitive, sous prétexte que plus on ira lentement plus on ira sûrement, qui pourrait aujourd'hui, au nom de M. Crud, l'inventeur de l'opération unique, accuser d'abus les procédés de ce praticien ?

S'il fait en cinq fois l'unique opération de M. Crud, ce n'en est pas moins la découverte de M. Crud qu'il applique, qu'il altère et qu'il compromet. Nous pensons qu'il n'y a qu'un moyen de sauver la méthode, qui est de la mettre au grand jour.

« **Auri sacra fames** »

La faire connaître, ce n'est pas la faire pratiquer. **Parce qu'elle est rapide, simple et efficace, la méthode Crud n'est abordable que pour une élite.**

M. Crud ose bien dire d'un célèbre professeur de chirurgie, qui traite « *in extenso* », dans un gros volume rempli d'érudition, des matières spéciales du « reboutage », qu' « il serait bien mieux à sa place dans les opérations sanglantes de la chirurgie ; car un rebouteur expérimenté voit tout de suite que le professeur, bien que très savant, n'a pas *la pratique du reboutage* ». Ici, la pratique donne à la science sa valeur. La pratique ne s'improvise pas ; elle se forme lentement comme le mécanisme du doigté sur le clavier du piano. Elle sera parfaite quand l'opérateur, sans autre raisonnement préalable que l'attouchement du membre malade, aura reconnu, préparé ou même exécuté par ce simple attouchement l'opération nécessaire.

Ce qu'il faut de temps et d'aptitudes pour atteindre ce résultat *empêchera longtemps* les praticiens diplômés d'appliquer la méthode rapide et simple de M. Crud.

Dans un temps où la « *lutte pour la vie* » entraîne le corps médical, plus qu'aucun autre corps, vers les opérations les plus fructueuses avec les moindres efforts, on ne verra pas nos docteurs courir à la méthode la plus rapide quoique la plus efficace. Ils iront à la méthode Calot, aux opérations par étapes, aux plâtres successifs pour maintenir incomplètes ces opérations lucratives, avec l'espoir qu'une imprudence, une distraction survenant, les obligera à les recommencer.

La « maudite fringale de l'or » ! Elle tue, chez le médecin, le dévouement et la pitié ; elle ne laisse aux infirmes pauvres que le groupe de plus en plus restreint des praticiens honnêtes et généreux.

La méthode n'est pas atteinte dans sa valeur essentielle ; mais elle est diminuée dans son utilité immédiate et générale. M. Crud l'offrait à tous. Il faut que tous la connaissent et puissent l'apprécier.

Elle n'entrera pas, dès demain, dans l'enseignement officiel. L'opinion publique pourra seule forcer les portes. Mais il faut préparer l'opinion et la mettre en mesure de se prononcer en connaissance de cause.

La formation des praticiens diplômés

Si nous insistons pour obtenir la publication du manuscrit unique où M. Crud a développé sa méthode, *c'est qu'il est urgent*, croyons-nous, de prévenir les déformations auxquelles elle est aujourd'hui exposée.

Les infiltrations ont commencé par l'introduction des deux opérations inutiles imaginées par le docteur Calot dans le traitement de la luxation congénitale de la hanche, et par les complications de même nature qu'il entasse dans le traitement si simple de la coxalgie découvert par M. Crud.

Ces infiltrations atteignent les deux points sur lesquels M. Crud a établi sa méthode et qui sont la partie essentielle de sa découverte.

Nous pouvons espérer que le défaut capital de la méthode Calot, consistant surtout dans les inutilités et complications arbitraires dont il surcharge ses traitements, *pour masquer l'essentiel qui est pris à la méthode Crud*, n'échappera pas longtemps à l'attention des infirmes et de leurs familles. Mais nous ne pouvons nous dissimuler l'influence de l'enseignement officiel — quand enfin il acceptera les idées de M. Calot — sur les jeunes docteurs qu'il formera.

Serait-il sage d'attendre, pour éclairer l'opinion publique, que l'enseignement officiel donnât une orthopédie dénaturée par les inventions Calot mêlées aux saines données de M. Crud, et destinée à enlever au génial « rebouteur » le mérite et la priorité de sa découverte ?

La formation d'un corps médical neuf laissera assez de temps *pour organiser un et même plusieurs Instituts*. Avant qu'une génération nouvelle de praticiens s'empare de la méthode et l'applique, **rapide, simple et efficace**, comme M. Crud l'a faite, qu'on la préserve de toute altération en la mettant sans retard sous la garde du public. Ruiner le plus tôt possible les tentatives hybrides, et jeter dans les masses des idées saines qui maintiennent le caractère propre de la nouvelle orthopédie, celle de M. l'abbé Crud, nous paraît être un devoir urgent.

Les appréhensions de M. l'abbé Crud

Qu'y a-t-il à craindre de cette publication de la méthode Crud ? Qu'elle soit imitée ? Mais elle l'est déjà et le sera davantage et dans des conditions bien plus désastreuses qu'elle ne pourra l'être quand il sera possible à tous les intéressés de confronter le régime qu'on leur proposera de subir avec le traitement indiqué par l'inventeur de la méthode. Les infiltrations, les complications, les surcharges ruineuses ne seront possibles qu'autant qu'il plaira aux clients de les accepter après comparaison avec les moyens rapides, faciles, indolores proposés par M. Crud. Ses successeurs, à Lille, réussissent bien ses opérations et font de nombreuses guérisons. Mais, imbus des enseignements de la Faculté, ils ont cru bon, sous prétexte d'amélioration, d'introduire quelques innovations dans la Méthode et surtout de prolonger au-delà du temps nécessaire le traitement des infirmes ; ce qui augmente les frais, éloigne les malades pauvres et dégoûte les riches.

Ce qui fut toujours et demeure la constante appréhension de M. Crud, c'est cela : modifier la méthode au risque de la compromettre, et en faire un moyen de lucre.

Seul, M. l'abbé Belet, curé d'Arbanats (Gironde), a paru jusqu'à présent à M. Crud tout à fait apte à comprendre et exercer l'orthopédie, seul capable de l'appliquer rigoureusement comme M. Crud l'a conçue. C'est sur lui que repose désormais la fortune de la méthode Crud. C'est à lui que M. Crud l'a confiée. C'est à lui de la défendre !

CHAPITRE DEUXIÈME

M. L'ABBÉ JULES BELET
CURÉ D'ARBANATS (GIRONDE)

L'orthopédiste. — Quelques guérisons. — L'homme du pays

L'orthopédiste

M. l'abbé Belet, vicaire au Sacré-Cœur de Bordeaux, fut prié, en 1895, d'écrire à M. l'abbé Crud pour solliciter l'admission à l'Institut orthopédique d'une enfant infirme, et lui-même se rendit à Sens, quelques mois après, pour y voir sa jeune protégée en traitement.

Dans cette première visite, il eut à peine le temps de saluer M. l'abbé Crud et sa sœur, qui lui firent le meilleur accueil. Les relations, après cette première rencontre, n'ont pas cessé.

Il revint à Sens, où l'attiraient les merveilleuses guérisons que l'habile rebouteur y opérait. Quand s'ouvrit l'Institut de Canteleu-lez-Lille, il s'empressa d'y aller. Reçu à la table de M. Crud, il passa plusieurs jours dans l'établissement, recueillant de la bouche des malades le récit des améliorations et guérisons que la nouvelle méthode multipliait. Il revint à Lille deux fois, dans les mêmes conditions, mais de plus en plus intéressé, car il rêvait d'appliquer chez lui ce qu'il voyait et devinait à l'Institut. M. Crud fut frappé de la promptitude avec laquelle M. Belet saisissait ses explications, de l'intelligence qui les utilisait, de la précision qu'il apportait à exposer les cas qui l'embarrassaient. Bientôt, ce fut en disciple curieux et attentif qu'il recueillit avidement les leçons du maître, et la correspondance plus fréquente et plus intime devint un cours gradué des spécialités traitées à Lille.

Quand M. Crud abandonna la direction de l'Institut, en 1899, la correspondance ne fut pas ralentie, elle prit au contraire une allure plus nette; M. Belet n'était plus l'orthopédiste amateur, il était un successeur éventuel, et M. Crud se félicitait déjà de l'heureuse inspiration qu'il avait eue d'initier M. Belet à la pratique de l'orthopédie, selon sa méthode.

En 1901, vers la fin de l'année, M. Crud se retira au Pont-d'Ain, chez les missionnaires de Belley. L'Institut de Lille sortait péniblement de la crise qui avait failli l'abattre. L'avenir de son œuvre inquiétait M. Crud, qui envisageait alors la nécessité, peut-être prochaine, de pourvoir au remplacement des docteurs découragés, soit en rentrant dans son Institut dont il reprendrait la direction, soit en lui donnant un nouveau personnel.

Que M. Belet, avec ses aptitudes remarquables et son intelligence très ouverte, fût apparu à M. Crud comme un successeur, non seulement possible, mais probable, et, dans les circonstances difficiles du moment, presque providentiel, il n'y aurait pas lieu de s'en étonner : M. Crud aime son œuvre d'un amour de père et voudrait un autre lui-même pour la continuer.

Avec une sage lenteur, M. Belet poursuivait ses études et expériences orthopédiques. Pendant plusieurs années, il voulut ne rien faire qui n'eût l'approbation sans réserve du maître dont il suivait servilement les directions et méditait les conseils. Quand, enfin, M. Crud lui déclara qu'il était en mesure de traiter les infirmes et qu'il pouvait le faire sans crainte; que le succès prouverait sa capacité, M. Belet fit ses premiers essais orthopédiques ; ils datent de 1907. Même alors, il ne tenta rien sans la garantie que lui donnait la direction de M. Crud ; et ce que d'autres ont jugé et jugeraient encore gênant et inutile, il s'en fit une obligation. Pour lui-même et la paix de sa conscience, pour ses clients et le succès de leur traitement, il continua, il continue de se défier de lui-même, et il en sera ainsi aussi longtemps que la science de son maître pourra lui venir en aide.

Tant de prudence ne lui est pas à charge. En même temps qu'il y trouve une sécurité, elle lui assure les plus légitimes succès. C'est la longue expérience de M. Crud qu'il met à profit et dont bénéficient également les malades et le guérisseur ; c'est encore une jouissance précieuse qu'il donne aux quatre-vingt-quatre ans du noble vieillard dont la vie sera jusqu'à la fin ce qu'elle fut dès le commencement : un bienfait pour les déshérités de ce monde. Cette conduite de M. Belet fait contraste avec l'impatience des docteurs que nous avons vus si empressés à secouer une tutelle qui les humiliait. Qu'est-ce qu'ils y ont gagné ? La clientèle *en déroute* le leur a dit ; cette défiance des clients disait assez haut que science et diplôme pour eux ne valaient pas l'expérience de M. Crud, qui, dans l'espèce, est la véritable science et le bon diplôme.

Mieux inspiré, M. Belet reste auprès du maître, et compte, depuis 1907, autant de succès que de cas traités.

Quelques guérisons

En 1909, l'année qui vit paraître « *L'orthopédie indispensable aux praticiens* » du docteur Calot, M. Crud écrivit, à l'usage de M. Belet, un traité complet de sa Méthode. Avec ce manuel unique, M. le curé d'Arbanats possède une série de Notes qu'il rédigeait, pendant sa formation, sous la dictée et le contrôle de son maître, après chacune de ses leçons. Il faut y ajouter les lettres d'une correspondance ininterrompue depuis 1901, touchant toutes quelque point d'orthopédie.

C'est assurément une importante réclame en faveur de M. Belet, cette formation par M. Crud de l'élève qu'il considère comme le plus apte à continuer sa méthode. Cependant il y a mieux, ce sont les résultats obtenus par le nouvel orthopédiste dans l'application de la méthode Crud.

Le mérite de ces succès ne revient pas tout entier à la Méthode. Ils le savent bien, ceux qui ont voulu l'appliquer à leur guise, sans tenir compte des indications de l'inventeur. Quand le docteur Gilles y soupçonnait un « *secret* », et le légendaire intérimaire de Sens un « *truc* », ils ne se trompaient qu'à moitié. Les aptitudes, dispositions ou capacités naturelles, tiennent une place importante dans la formation de l'orthopédiste. Elles expliquent cette parole de M. Crud, dite d'un très savant professeur de chirurgie : « A lire ses livres, remplis d'érudition, un vrai rebouteur voit tout de suite qu'il n'entend rien au reboutage et qu'il est mieux dans les opérations de la chirurgie sanglante. » Et cette autre parole de M. Crud, au sujet de M. Belet : « J'ai eu la main heureuse, le jour où j'ai rencontré un pareil élève. »

Le professeur a la science acquise, il n'a pas l'aptitude, sorte de science innée ; M. Belet a l'aptitude et ce qu'il faut pour acquérir la science nécessaire.

Le professeur restera professeur ; M. Belet est déjà orthopédiste.

« Vos succès prouveront votre capacité », lui dit un jour M. Crud. Ils l'ont prouvée. On ne trouve pas encore, à Arbanats, les Musées de Sens et de Lille ; mais on peut y voir déjà quelques béquilles et autres appareils, laissés là par des malades guéris. On y raconte les guérisons extraordinaires des infirmes qu'on a vus traînant leur misère en arrivant et qui, après quelques semaines, en sont partis ingambes, déchargés du fardeau de leur infirmité.

Pl. XIII.

M. L'ABBÉ JULES BELET,

CURÉ D'ARBANATS.

C'est **Rose G.**, *de Podensac*, âgée de six ans, atteinte de pied-bot congénital et soignée à l'Hôpital des Enfants, de la route de Bayonne, à Bordeaux. Depuis plus d'un an, elle porte une botte orthopédique, cuir et acier, qui ne peut l'empêcher de marcher sur la cheville. Elle est amenée chez M. le curé d'Arbanats, en 1910, et par lui traitée selon la méthode Crud. Trois mois après elle était complètement guérie.

Marie-Thérèse T., *de Bordeaux*, âgée de quinze ans, déviation de la colonne vertébrale ; soignée pendant plusieurs années par un docteur bordelais, qui la traitait par la gymnastique et lui imposait pendant le jour un corset orthopédique, cuir et acier, et un lit de plâtre pendant la nuit. Ce rigoureux régime ne produisait que des souffrances pour la malade. Les praticiens savent combien sont rebelles, à quinze ans, les déviations non accidentelles de la colonne vertébrale. M. le curé d'Arbanats accepta d'appliquer à la patiente les procédés de la méthode Crud. Le traitement dura cinq mois, au bout desquels la malade était parfaitement redressée.

Mlle **Raymonde C.**, *de Cambes* (Gironde), dix-huit ans, luxation congénitale de la hanche simple. A l'âge de neuf ans, elle fut traitée par le docteur Piéchaud, de Bordeaux, qui l'immobilisa pendant treize mois dans un appareil plâtré. Après ces treize mois, la réduction de la hanche n'était pas faite. Déçus et découragés, les parents refusèrent de nouvelles tentatives et l'enfant resta boiteuse jusqu'en 1910. Quand on l'amena à Arbanats, elle avait la jambe malade atrophiée, raccourcie et très faible. Elle ne pouvait faire cent mètres de marche sans s'arrêter et prendre un temps de repos.

M. Belet l'opéra selon la méthode Crud. Au bout de trois mois, elle faisait plusieurs kilomètres, sans arrêt et sans fatigue. Aujourd'hui, elle supporte la marche, comme toute personne saine à vingt ans. La claudication est à peine perceptible, même pour un œil prévenu.

Madeleine L., *d'Arcachon*, trois ans, luxation congénitale de la hanche. Tous les médecins d'Arcachon et de Bordeaux, consultés, ont demandé « au moins neuf mois d'immobilisation dans un plâtre ». L'enfant est amenée à Arbanats, où M. Belet l'opère. Après deux mois, elle est complètement guérie, sans trace aucune de déhanchement ou de claudication.

Yvonne D., *de Saucats* (Gironde), six ans, atteinte de scoliose double de naissance ; deux gibbosités de la poitrine et un pied-bot. Ce pied est enfermé dans une botte, cuir et acier, qui a été ordonnée à l'Hôpital des Enfants, de Bordeaux. Cette botte n'empêche pas la marche de travers. Confiée à M. Belet, en 1911, cette enfant fut, en cinq mois, guérie de toutes ses infirmités.

Juliette B., *de Verdelais* (Gironde), quinze ans, luxation congénitale de la hanche, raccourcissement et atrophie de la jambe et forte claudication. Complètement guérie en deux mois et demi.

H., maître charpentier *du voisinage d'Arbanats*. En soulevant une pièce de bois trop lourde, il ressent un déplacement et une forte douleur dans la colonne vertébrale, à la hauteur des reins. Impossibilité de travailler et de se tenir droit, grande difficulté à se mouvoir, douleur aiguë et constante.

Pendant six mois, il épuisa successivement la science de trois médecins, qui lui appliquèrent les traitements les plus variés. L'état du malade ne changea pas ; la douleur parfois redoublait. Il se présenta, en 1911, au presbytère d'Arbanats. M. Belet accepta de le traiter. Après la première intervention du guérisseur, le patient se redressa ; il put, le jour même, faire quelques légers travaux de menuiserie. Huit jours après il était guéri et il reprenait, sans difficulté, son travail ordinaire de charpentier. M. Belet l'avait vu cinq fois.

Henri M., *de La Jarrie* (Charente-Inférieure), treize ans. Croissance trop rapide et développement exagéré d'un côté du thorax. D'où une déformation dans la colonne vertébrale et une proéminence des omoplates. Après un traitement en sept séances espacées sur trois mois, les omoplates ont repris leur position normale, le déplacement de l'épine dorsale et une légère proéminence vertébrale se sont sensiblement corrigés. La différence de développement des deux côtés du thorax reste un vice de constitution que le temps atténue déjà et fera probablement disparaître.

Georges L., *de La Teste-de-Buch* (Gironde). Au mois de juillet 1909, ce jeune garçon, âgé de seize ans, arrivait à Arbanats dans un état lamentable. Traité successivement par plusieurs médecins de La Teste et d'Arcachon, son état n'avait fait que s'aggraver.

Georges L. était atteint de cyphose très prononcée et d'une forte gibbosité sur le sternum. La hanche droite luxée était complètement ankylosée depuis plusieurs années. Les muscles de la cuisse, raidis et contractés, maintenaient la jambe pliée à angle aigu, le talon à la hauteur de la hanche. Ainsi privé de l'usage d'un de ses membres, l'infirme s'aidait pour marcher de deux crosses placées sous les aisselles.

Après deux mois de traitement, la jambe malade, rapprochée de sa position normale, commençait à fonctionner, les béquilles, supprimées, étaient remplacées par une canne.

Huit mois après, le malade rentrait chez lui, sans appui, capable de supporter une marche de plusieurs kilomètres et de faire de longues courses à bicyclette. Le buste était redressé et la jambe, atrophiée et inactive pendant onze ans, n'avait plus qu'un faible raccourcissement. Il peut désormais gagner sa vie.

Etc., etc., etc.

« Je ne vous conseille pas, dit le docteur Calot à ses praticiens, de vous attaquer à une luxation congénitale de quinze ans, à une coxalgie ou à une gibbosité vieilles de plusieurs années. La tâche est alors trop difficile, trop ingrate pour vous, et ceci restera bien toujours l'affaire du spécialiste. »

« Attaquez-vous sans crainte, dit M. Crud à ses élèves, aux luxations congénitales et aux gibbosités de tout âge. Vous les guérirez. »

Elle a quinze ans, Marie-Thérèse T., dont M. Belet guérit la gibbosité non accidentelle en cinq mois.

Elle a dix-huit ans, Mlle Raymonde C., atteinte de luxation congénitale de la hanche, que M. Belet guérit en trois mois.

M. le docteur Calot est un remarquable chirurgien dans les opérations sanglantes et un mauvais rebouteur. M. Crud n'est que rebouteur, mais il sait faire ce qu'il fait et il enseigne ce qu'il sait faire. Ses élèves en sont la preuve vivante. Il y a à peine cinq ans que M. Belet pratique la chirurgie non-sanglante, c'est-à-dire le reboutage, trop difficile ou trop ingrat pour les élèves de M. Calot, avec un succès qui fait l'admiration de tous les témoins.

L'homme du pays

La clientèle de M. Belet lui vient présentement de la Gironde, du Lot-et-Garonne, de la Charente-Inférieure, de la Vendée, des Landes, de l'Aveyron, de la Haute-Garonne, des Basses-Pyrénées. Elle n'est pas attirée par une découverte sensationnelle, comme à La Selle-en-Hermois ; mais elle commence à venir, comme à Sens, vers le guérisseur, dont le talent s'impose et dont les succès se multiplient. M. Belet, il est vrai, a pris la bonne voie. Il est entré carrément dans le sillage de M. Crud. Non seulement il ne cherche pas à se séparer de lui ; il s'applique, au contraire, à s'en rapprocher davantage ; on peut prévoir, dès à présent, que le triomphe de M. Crud sera celui de M. Belet.

Ce n'est pas pour lui que la parole évangélique a été dite : Nul n'est prophète en son pays. Il honore son pays, et son pays, nous allons le voir, lui rend honneur pour honneur.

Jules Belet naquit, le 10 avril 1865, à Chenac (Charente-Inférieure), chez sa grand'mère maternelle, où Mme Belet était venue faire ses couches. Il fut ramené, l'année suivante, chez ses parents, à Bordeaux.

C'est à Bordeaux, dans l'église Saint-Louis, qu'il fit sa première communion ; et c'est au petit et au grand séminaires de Bordeaux qu'il fit ses études.

Ordonné prêtre par Mgr Cœuret-Varin, évêque d'Agen, pendant la vacance du siège de Bordeaux, à Noël 1891, il fut nommé, en janvier 1890, vicaire de Saint-Médard-en-Jalles ; puis vicaire de Saint-Estèphe-de-Médoc, février 1891 ; enfin, vicaire au Sacré-Cœur, de Bordeaux, en octobre 1893. Au mois d'octobre 1898, il prit possession de la cure de Générac ; au mois d'octobre 1902, il s'installa à Arbanats.

Dans cette population expansive des bords de la Garonne, M. Belet s'est fait et garde la place qui convient au prêtre. Digne dans les fonctions du saint ministère, il reste digne et distant dans ses relations avec ses paroissiens et cela même est la raison du respect dont il est entouré. Une preuve récente de ce respect du prêtre par les paroissiens d'Arbanats fut donnée à M. l'abbé Belet, le 2 juin dernier, dimanche de la Trinité.

Il y a quatre ans, après les élections municipales, le maire d'Arbanats, au nom du Conseil, avait invité M. Belet au banquet offert par la nouvelle municipalité aux habitants d'Arbanats.

M. Belet avait accepté, mais il avait dû, au milieu du repas, se retirer pour chanter les vêpres, et il ne revint pas.

Cette année, le maire, au nom du Conseil municipal nouvellement élu, invita M. Belet au banquet électoral. Son invilation ne fut acceptée par M. Belet que pour le café, qu'il viendrait prendre, après les vêpres. M. le Maire insista et M. Belet demanda le temps de réfléchir.

Entre temps, il apprit que la municipalité se proposait de se rendre en corps à la messe, et il accepta l'invitation au banquet.

Le dimanche 2 juin, les conseillers, réunis à la mairie, vinrent ensemble à l'église et, à une heure, M. Belet se rendit à la salle où l'attendaient cent vingt hommes et une trentaine de jeunes gens et jeunes filles, invités pour donner à la fête fraîcheur et gaieté.

Tous les convives vinrent saluer M. Belet, et le maire lui annonça que la présidence du banquet lui était réservée. Il s'assit, en effet, entre deux groupes de cinq conseillers chacun, le maire à droite, l'adjoint à gauche.

A deux heures et demie, on était au deuxième plat. M. Belet se leva pour prendre congé, c'était l'heure des vêpres. De tous côtés on lui cria : « A tout à l'heure, Monsieur le Curé ! »

Quand, après vêpres, M. Belet sortit de la sacristie, un conseiller municipal, qui l'attendait, lui dit : — « Monsieur le Curé, je viens vous chercher. — Où en est le repas ? — Au point où vous l'avez laissé. A votre départ, on est sorti de table. La jeunesse danse sur la pelouse en attendant. »

M. Belet ne pouvait faire mauvais accueil à des procédés si aimables et délicats. Il se rendit, on se remit à table et le banquet s'acheva lentement, entremêlé de chants et de monologues choisis avec goût. Deux discours furent bruyamment applaudis, et on se retira après de cordiales poignées de mains, chacun content de soi et des autres.

Le Conseil municipal assista aux deux processions de la Fête-Dieu. Au lieu de deux hommes et trois ou quatre jeunes gens qui habituellement portaient le dais, il y eut, cette année, une vingtaine d'hommes à chacune des deux processions.

S'il n'était originaire du chef-lieu de la Gironde, on pourrait dire de M. Belet qu'il a reçu à Arbanats, cette année, ses lettres de naturalisation. Il est de plus en plus l'homme du pays.

La Selle-en-Hermois a vu les foules envahir ses modestes maisons. Le petit village, transformé en Institut orthopédique par les merveilleuses guérisons de l'abbé Crud et de sa sœur et par l'affluence toujours croissante des infirmes, devint bientôt trop étroit.

Ce sera le sort prochain d'Arbanats.

Nous pouvons annoncer, sans ridicule forfanterie, le développement continu de la méthode Crud, la fondation d'Instituts, d'après le modèle de Lille, dans le Sud-Ouest, le Sud et l'Est de la France, et un jour, peut-être prochain, la résurrection de cet Institut de Sens où M. Crud connut les premiers triomphes de son œuvre.

Comme M. l'abbé Belet à Arbanats, se lèveront d'autres prêtres pour continuer, dans le Sud, l'Est et le Centre, les merveilles de La Selle-en-Hermois, de Sens et de Lille. M. Crud a frayé les voies, ils n'auront plus qu'à l'y suivre.

Et voici qu'au *retentissement extraordinaire* qui secoua la France, il y a vingt ans, succède le travail lent et sûr de l'opinion réfléchie. Les ouvriers de ce travail nouveau sont précisément ceux qui furent d'abord les adversaires résolus du rebouteur de La Selle, de l'empirique de Sens. Nous allons les voir aux prises avec les insuccès de leur méthode surannée, humiliés des résultats merveilleux de la méthode nouvelle et tout étonnés de ne l'avoir pas eux-mêmes découverte ; encore liés par l'ignorance et la routine aux anciens errements, nous les verrons, inquiets, chercher la voie où ils doivent entrer.

Elle leur sera montrée par l'opinion, plus puissante de jour en jour, qui veut que le médecin, avant d'édifier sa fortune, donne la santé à ses clients ; et qu'il cherche la fortune, s'il y tient, non pas dans le nombre des malades soignés, mais dans le nombre des malades guéris.

CHAPITRE TROISIÈME

LA MÉTHODE VENGÉE

Le docteur Gilles après le procès de Sens.
Les diplômés et leurs malades.
Ce qu'ordonnent les praticiens diplômés.
Ce que fait M. Crud.

Le docteur Gilles après le procès de Sens

Le 28 août 1899, au lendemain de la condamnation de MM. Crud et Salmon par le tribunal correctionnel de Sens, une lettre de Marseille apportait aux condamnés l'expression et le réconfort d'une sympathie précieuse et inattendue. Généreuse conclusion d'un odieux procès, cette lettre de M. le docteur Maximin Gilles, en même temps qu'elle révèle et éclaire chez son auteur un noble caractère, verse sur l'œuvre de M. Crud une telle lumière qu'elle s'impose à l'attention de nos lecteurs et ne nous permet pas de la passer sous silence.

Nous ne commettons d'ailleurs, en la publiant, ni indélicatesse, ni abus de confiance, ni indiscrétion, même légère, car son auteur a voulu qu'elle fût l'hommage qu'il était de son devoir de rendre aux condamnés de Sens, *hommage qui leur appartient tout entier, et dont ils peuvent faire ce que bon leur semblera.*

Docteur MAXIMIN GILLES   , *Marseille, 28 avril 1899.*
Rue Saint-Jacques, 18
Massage, Electricité, Application des Rayons X
Téléphone N° 1095

« Monsieur,

» J'ai appris, par les journaux, votre condamnation, qui, je l'espère, n'est pas définitive. Permettez-moi, quels que soient vos sentiments à mon égard, de vous apporter le témoignage de mes respectueuses sympathies.

» La haine, l'envie, la persécution et même les insuccès exceptionnels et inévitables ne sauraient altérer en rien votre œuvre en ce qu'elle a de vrai, de nouveau et de scientifique. Dieu permettra peut-être que vous assistiez à sa vulgarisation ; vous serez alors soumis à une épreuve suprême, qui heureusement ne saurait atteindre un chrétien tel que vous : vous serez raillé, *volé sans scrupule par ceux qui sont aujourd'hui les plus ardents à vous persécuter ;* et, peut-être, sans que la voix de ceux qui vous comprennent puisse parler assez haut pour être entendue.

» Je ne suis pas un savant, mais je crois posséder à bon droit la réputation d'être loyal, sincère et indépendant. Si je n'ai pas une autorité scientifique telle qu'elle puisse me permettre de solliciter d'être admis parmi vos défenseurs, du moins l'hommage qu'il est de mon devoir de vous rendre vous appartient tout entier et vous pouvez en faire tel usage que bon vous semblera.

» Veuillez agréer, Monsieur, l'hommage de ma haute considération et de mon profond respect.

» M. Gilles, *docteur.* »

Il serait oiseux de commenter cette lettre si claire et si nette, mais il n'est pas inutile d'en souligner quelques mots singulièrement sévères.

M. Gilles n'admet pas que la condamnation de MM. Crud et Salmon soit définitive ; cela dit pour les juges.

Il n'admet pas que l'œuvre de M. Crud, en ce qu'elle a de vrai, de nouveau et de scientifique, puisse être altérée par la haine, la jalousie et la persécution, non plus que par les insuccès exceptionnels d'ailleurs inévitables ; cela dit pour les accusateurs.

Il prévoit, si Dieu veut que M. Crud assiste à la vulgarisation de sa méthode, que l'auteur subira alors la suprême épreuve : il sera raillé, *il sera volé sans scrupule* par ceux qui sont aujourd'hui les plus ardents à le persécuter ; cela dit pour le condamné.

Aux juges, il annonce que leur sentence sera réformée.

Aux accusateurs, il rappelle que la haine, la jalousie et la persécution n'ont jamais détruit ce qui est vrai et bon.

A M. Crud, il fait entrevoir le moment redoutable où l'ennemi impuissant et jaloux cherchera dans la raillerie et dans le vol une compensation à sa défaite.

Sentence à réformer ; accusations de la haine envieuse et violente ; suprême épreuve infligée à la victime par le bourreau *railleur et voleur :* on ne peut dire plus en moins de mots.

Sentence, accusation, suprême épreuve, qui en est responsable ? Le Mémoire ne le dit pas.

Il nous paraît que le docteur Gilles, comme le chasseur qui a tiré au jugé, se trouble, ne sachant pas quelle victime il a atteinte.

Certes, le Mémoire Gilles n'a pas tué M. Crud ; mais il fut une des voix qui s'élevèrent contre *l'empirique, le rebouteur*, et que les juges de Sens ont pu entendre.

Le Mémoire n'a pas les accents violents de la haine et de l'envie ; mais il a si obstinément et complaisamment répété que les insuccès et les récidives formaient la majorité des cas traités par M. Crud que plus d'un diplômé a pu y trouver une excuse, sinon un motif de haine et d'envie.

Et combien imprudente cette recommandation adressée par le Mémoire Gilles au corps médical tout entier : « Si, par routine ou insuffisance technique, nous nous laissons distancer par des empiriques, sachons au moins voir leurs résultats *et en profiter.* »

Le loyal docteur serait indigné si quelqu'un osait traduire ce membre de phrase par cet autre : « Sachons au moins voir leurs résultats et n'hésitons pas à les leur voler. »

Serait-il téméraire de penser que M. Gilles, quand il écrivait ces deux mots : « Vous serez raillé, vous serez volé », prononçait intérieurement certains noms ?

Loyal, sincère, indépendant, M. Gilles a donné un avis. A MM. Crud et Belet d'en profiter.

Avant de publier le Mémoire, son auteur eut la délicatesse de soumettre le manuscrit à M. Crud.

« La meilleure correction à faire à votre travail, répondit M. Crud au docteur, serait de prendre la thèse contraire. »

C'est ce que fit M. Gilles, deux ans après, par la lettre du 28 avril 1899, que nous venons de reproduire.

Les diplômés et leurs malades

Pour un honnête homme qui laisse parler sa conscience, combien de moins délicats prennent soin de la museler ! Heureusement, si l'on n'entend pas ce qu'ils disent, on voit ce qu'ils font et les actes ont un langage qui vaut bien l'autre.

Le lecteur n'a pas oublié que l'Institut de Sens fut fermé en 1896, pendant les mois de mai et de juin, et qu'il s'ouvrit le 1er juillet, sous la direction du docteur Bénard, devenu propriétaire de l'établissement dont M. Crud n'était que locataire.

Ce fait n'était pas public à la date du 8 mai et l'auteur de la lettre suivante l'ignorait :

H. B. de la M. *Paris, ce 8 mai 1896.*
Rue Notre-Dame des Victoires
PARIS

« MONSIEUR L'ABBÉ,

» J'ai reçu votre carte et compte sur votre obligeance pour me prévenir aussitôt que je pourrai avoir recours à vos bons soins.

» J'ignore ce qui a pu amener la fermeture de votre établissement, mais je suppose que la continuité de vos belles cures aura excité la jalousie de quelques « diplômés » qui auront obtenu une mesure administrative pour empêcher la concurrence ; toujours les médecins de Molière ! toujours l'ordonnance du cloître Saint-Merri ! !

» Quoi qu'il en soit, Monsieur l'Abbé, je remplis un devoir en joignant mon témoignage à la masse de ceux qu'il vous sera aisé de recueillir, et *en vous autorisant à faire tel usage qu'il vous conviendra de la déclaration suivante :*

» A la suite d'une chute de bicyclette, j'ai eu le pied droit entorsé. J'ai fait venir immédiatement un docteur en médecine de la Faculté de Paris, qui s'occupe tout spécialement de la guérison de ces sortes de maux. Il m'a soigné deux mois durant, me massant pendant une heure chaque jour (coût : 470 francs); puis il m'a abandonné en m'engageant à exercer mon pied et à laisser faire la nature. Dès sa troisième visite, j'avais fait observer à ce docteur la position anormale du pied, sensiblement tourné en dehors, « pied valgus », il n'avait pas voulu en convenir ! Par contre, si je m'étais laissé faire, il prétendait me guérir par le moyen de massages du ventre ! !

» J'ai laissé faire la nature pendant six mois, non sans me renseigner auprès d'autres médecins qui m'ont conseillé : l'un, la patience ; un autre, des massages ; le troisième, des douches sulfureuses. N'obtenant aucun soulagement de ce dernier genre de traitement, je suis allé voir un Maître, professeur agrégé de la Faculté de Paris, chef du service chirurgical de l'un des grands hôpitaux parisiens. Il m'a déclaré que *j'avais été soigné par un âne*, que *j'avais une fracture bi-malléolaire mal consolidée* et que *le seul remède était de me recasser le pied, de le remettre en place et de le laisser pendant trois mois de repos absolu dans un appareil silicaté.*

» C'est alors, Monsieur l'Abbé, que j'ai eu l'occasion de voir M. D..., qui, guéri par vos soins d'une entorse très grave, m'a engagé à vous voir. Ma chute datait de neuf mois et cependant, à première vue, vous m'avez dit qu'il ne s'agissait que d'une simple luxation qui n'avait pas été réduite, et vous l'avez réduite séance tenante.

» Bien que je sollicite à nouveau vos bons soins, je dis, parce que j'en suis convaincu, que vous avez réduit la luxation ; en effet, en sortant de vos mains, mon pied avait repris sa position normale. Je suis persuadé que je ne souffre plus que de la rétraction ou de l'atrophie de muscles laissés, par les ignares diplômés auxquels j'ai eu affaire, pendant neuf mois dans une position anormale.

» Je vous répète, Monsieur l'Abbé, que, si la fermeture de votre Institut a la cause que je lui suppose, je vous autorise volontiers à faire de mes déclarations tel usage qu'il vous conviendra. J'y ajouterai, quand vous voudrez, le nom des médecins et chirurgiens.

» Veuillez agréer, Monsieur l'Abbé, avec l'assurance de ma vive reconnaissance, l'hommage de ma considération bien respectueuse.

» H. B. DE LA M. »

Nous avons rencontré une fois déjà, sur les lèvres d'un praticien jugeant un confrère, cette expression messéante : « C'est un âne. »

Mais alors, c'était vers 1855, le praticien mécontent avait

plus d'une excuse : il était l'oncle du patient que l'ignorant confrère avait mal traité ; il avait passé par les camps dont il avait gardé la rudesse, et surtout il voyait à quelles conséquences aurait abouti l'ignorance du confrère, si elle n'avait été réparée à temps. Quand le docteur Prévost remit en état le poignet luxé de l'abbé Crud, son neveu, *guéri en huit jours*, ce ne fut pas sans un mouvement de juste irritation qu'il compta les quarante jours d'immobilisation, suivis d'un nombre de jours indéterminé jusqu'à la consolidation, que le praticien provençal avait promis et aurait imposés au patient... et il dit : « C'est un âne ! »

En lisant cette expression dans la lettre de M. de la M. (1896), nous ne pouvons que sourire. Que fait *le Maître*, consulté par M. de la M. ? Il fait exactement ce qu'avait fait le docteur provençal. Il voit une fracture bi-malléolaire où il n'y a qu'une luxation à réduire. Et, si le blessé n'avait pas rencontré M. Crud, *le Maître* aurait recassé (?) le pied, pour le remettre en place, et l'aurait tenu trois mois durant dans un appareil silicaté, condamné au repos absolu. Est-il étonnant qu'on entende la voix lointaine de l'oncle Prévost répétant : « C'est un âne ! »

Quand *le Maître* en est là, on se demande où en sont ceux qui ne sont pas Maîtres.

Ceux qui ne sont pas Maîtres guérissent l'entorse par le massage du ventre, ou par la patience du patient, ou par les douches sulfureuses... Qui guérira l'ignorance orthopédique de nos praticiens ?

Sur le même sujet, nous avons un rapport du 31 janvier 1895, destiné, comme les deux lettres précédentes, à la publicité.

L'auteur est un ancien huissier, grand-père de Marie-Thérèse Féret, dont il raconte, avec sa précision professionnelle, les douloureuses années livrées à l'ignorance professionnelle (elle aussi) des diplômés de la Faculté :

« Sens, le 31 janvier 1895.

» En présence de la poursuite en police correctionnelle dont paraissent menacés M. Crud, ancien curé de La Selle-en-Hermois, et sa sœur, pour exercice illégal de la médecine, il me paraît utile, pour éclairer la justice et peut-être aussi pour faire ouvrir les yeux à la science, de raconter l'histoire de ma petite-fille.

» Je ne dirai que ce que j'ai vu et ce que je puis établir par des preuves et des témoignages irrécusables. »

M. Crud venait de s'installer à Sens, dans l'Institut orthopédique qu'il avait fondé, et les menaces du Syndicat médical du Loiret étaient déjà reprises par le Syndicat médical de l'Yonne *contre le « Guérisseur », qui venait de donner à l'humanité le remède des maladies « incurables »*. Après le récit que nous allons reproduire, nous demandons aux lecteurs quels sont, des docteurs diplômés et des guérisseurs de Sens, les êtres malfaisants que la Justice devait interdire.

De 1882 à 1886. « Marie-Thérèse Féret est née à Sens, le 2 août 1882. Dès ses premiers pas, ses parents s'aperçurent que cette enfant avait la démarche embarrassée, mais elle ne boitait pas et ne paraissait pas souffrir.

» Le médecin consulté examina, mesura les jambes, qui étaient de même grandeur ; le corps paraissait bien conformé, enfin il ne vit rien et il pensa qu'en grandissant le tout se remettrait.

» Cependant, quelque temps après, la jeune fille ne marchait pas mieux, bien au contraire, le balancement était plus prononcé.

» Les parents, de plus en plus inquiets, consultèrent le médecin de la famille et aussi M. le docteur L., médecin d'un hôpital d'Enfants de Paris.

» Ces deux médecins ne virent rien, si ce n'est l'absence de muscles qui leur fit conseiller des bains salés et l'électricité. Quelque temps après, rien ne s'améliorant, le médecin de la famille engagea d'aller consulter, à Paris, M. de S¹-G. »

1886-1887. « Le voyage fut fait au mois de mars 1886 ; mais, avant d'aller trouver le chirurgien, sur les conseils d'un ami, la mère fit visiter son enfant par le docteur L., qui ne vit rien et ne put que constater l'absence de muscles et conseiller de s'adresser au chirurgien.

» C'est alors que, le 8 mars 1886, on fit voir l'enfant à M. de S¹-G., qui constata, sans hésitation, une luxation congénitale incomplète d'un côté et complète de l'autre et donna l'adresse de l'orthopédiste Moulon pour faire une ceinture moulée.

» En même temps, M. de S¹-G. prescrivait des bains salés et l'électricité, donnant l'assurance que, dans trois ans, l'enfant marcherait bien et serait guérie.

» L'ordonnance fut exécutée, et, après moulage, la ceinture établie et appliquée, mais les choses n'allèrent pas mieux, et, en 1887, on fut obligé de retourner chez M. de S¹-G. et de faire modifier la ceinture. »

1888-1889. « En 1888, on revit M. de S¹-G. qui fit une nouvelle ordonnance sans plus de résultat.

» En juillet 1889, voyant que les prescriptions de M. de S¹-G. ne produisaient aucun effet et que l'on ne pouvait ajouter aucune confiance à ses promesses de guérison, la famille consulta M. S., chirurgien à Paris, qui prescrivit des réconfortants et aussi une ou deux saisons d'eau à Salies-de-Béarn, chaque année.

» Cette prescription est la seule qu'on ne put exécuter. »

1889-1891. « En novembre 1889, construction d'une nouvelle ceinture à la maison Charrière, à la tête de laquelle se trouve M. Collin, chirurgien, sinon le plus capable, mais au moins celui devant avoir le plus d'expérience, à cause des nombreux malades qu'il a à visiter, et en tout cas celui paraissant le plus consciencieux ; en effet, en voyant l'enfant, il

Arbanats (Gironde). — L'église.

n'hésita pas à déclarer qu'il ne pouvait pas guérir le mal existant et que tout ce qu'il pourrait faire était d'essayer d'empêcher que le mal s'aggrave.

» Juin 1891, nouvelle ceinture par Collin. »

1893-1894. « Enfin, novembre 1893, consultation de M. L., chirurgien en chef de l'hôpital Saint-Joseph, à Paris, qui ordonna un nouvel appareil d'une autre forme avec tige en fer pour soutenir la jambe.

» Cet appareil, construit par Weber, orthopédiste, à Paris, parut dans les premiers temps produire bon effet ; mais, après deux ou trois mois, l'enfant ne pouvait plus se soutenir et, pour la conduire en classe, à 200 mètres de son domicile, on devait la transporter dans une charrette anglaise.

» Ainsi, pendant plus de huit ans, la malheureuse enfant fut envoyée par les médecins aux chirurgiens, consultant tour à tour ces derniers, endossant les ceintures, les corsets, les appareils les plus divers, endurant de nombreuses souffrances occasionnées par les instruments ordonnés et, ce qui est plus grave, on s'aperçut alors que la colonne vertébrale était déviée.

» Ainsi, voilà le résultat obtenu, malgré la science, malgré les médecins et les chirurgiens : l'enfant était complètement infirme, pouvant à peine se soutenir.

» C'est alors qu'une personne de la famille nous écrivit de Fontainebleau que deux enfants, ses voisins, avaient été guéris par M. le Curé de La Selle, et elle nous engageait de nous en occuper.

» J'avoue que nous ne fîmes pas grande attention à cette lettre, nous croyant sûrs qu'après avoir consulté, à Paris, les sommités de la science, nous n'avions rien à espérer, rien à faire ; mais, une deuxième lettre plus pressante étant arrivée, la mère, pour l'acquit de sa conscience, s'adressa au médecin de la famille pour lui demander ce qu'elle devait faire.

» Ce médecin ainsi que nous tous, nous étions en grande défiance ; cependant, il nous engagea de voir, tout en recommandant de ne pas laisser faire d'opération chirurgicale, et de demander à ce monsieur comment il procédait et ce qu'il réclamerait.

» La démarche fut faite et M. Crud déclara qu'il ne s'agissait que de remettre les deux jambes à leur place, ce qui se faisait sans douleur ; qu'ensuite, aidé par sa sœur, il ligoterait l'enfant pendant neuf jours, pour maintenir les membres remis, et que, dans une quinzaine, l'enfant pourrait marcher, soutenue par deux bâtons, ajoutant que ce qui serait le plus long serait le redressement de la colonne vertébrale ; M. Crud déclara que, pour ses soins, il ne réclamait rien, mais que, comme il fallait de nombreuses bandes de toile, quelques personnes dédommageraient sa sœur de ses dépenses.

» Quelques jours après, et toujours sur le conseil du médecin, la mère et l'enfant se rendirent à La Selle et, le 12 juillet, l'opération fut faite et, en trois ou quatre minutes, les deux jambes, tirées d'une certaine façon par M. Crud, aidé de sa sœur, qui remit les os à leur place, se trouvèrent allongées, l'une de dix centimètres, l'autre de deux. L'enfant fut ensuite bandée par la sœur et replacée sur son lit, avec recommandation de conserver l'immobilité ; le onzième jour, l'enfant fut levée et commença à marcher ; trois jours après, elle se promenait avec deux petits bâtons.

» Restait à redresser la colonne vertébrale. Cette opération se fit par des massages et des bandages et, quelques jours après, on en remarquait le bon effet.

» Depuis lors, l'enfant marche, ses jambes replacées se prêtent à tous les mouvements que l'enfant ne pouvait pas faire. Elle saute, court et fait d'assez longues promenades ; mais, cependant, il y a encore dans sa marche un balancement occasionné soit par la faiblesse soit par le défaut de muscles, qui, n'étant pas exercés avant l'opération, n'avaient pris aucune force, mais qui peuvent et doivent en prendre actuellement, dit le docteur L.

» Peut-être encore ce balancement est-il aussi occasionné par l'habitude prise avant l'opération ; ainsi, les deux jambes sont de la même grandeur, et cependant, par habitude, l'enfant en lève toujours une qui était plus courte avant l'opération.

» Un fait, que je dois signaler, s'est passé vers le 15 août 1894. M. L., le chirurgien consulté en dernier lieu, étant venu à Sens, on lui fit voir l'enfant, qui était encore bandée. Il trouva que le bandage était artistement fait, mais il déclara que, aussitôt le bandage enlevé, l'enfant retomberait comme elle était.

» Depuis plus de cinq mois, les bandages sont enlevés et les os replacés se consolident de plus en plus. L'enfant, se sentant solide et étant débarrassée de tous les appareils qui la gênaient et la blessaient, est d'une joie exubérante et ses parents regrettent beaucoup de ne pas avoir connu plus tôt M. Crud, qui leur a rendu le plus grand service en rendant la santé à leur enfant et en leur évitant les ennuis et les dépenses occasionnées par le traitement chirurgical, dépenses qui, jusqu'à ce jour, ne s'élèvent pas à moins de 3.000 francs.

» Je n'ai pas la compétence nécessaire au point de vue scientifique et légal, mais mon simple bon sens me fait croire que M. et Mlle Crud, en guérissant l'enfant en dehors de tous les principes de la science, n'ont pas exercé l'art de la médecine et de la chirurgie, puisqu'ils ont fait tout le contraire de ce que font les médecins et les chirurgiens.

» Je sais bien que ces derniers soutiennent que la remise d'une luxation congénitale est impossible ; mais leur affirmation est en contradiction formelle avec le fait contraire que je viens de signaler ; la constatation est facile et il me semble que la science ne peut la refuser.

» J'ai tenu, dans cette note trop longue, à ne faire aucune

récrimination et à ne parler que de l'enfant qui m'intéresse ; cependant, je dois, en terminant, signaler les nombreuses guérisons opérées, sans qu'aucune plainte ait été formée par les malades, d'où l'on peut en conclure que M. et Mlle Crud ont rendu de grands services.

» Signé : MARTIN, *huissier*. »

Voilà le fait brutal, contre lequel rien ne peut prévaloir. Pendant huit années, une enfant infirme, montrée au médecin de la famille, dès la première heure, passe de mains en mains des médecins aux chirurgiens, des chirurgiens aux médecins et subit les traitements les plus variés, non seulement sans en retirer quelque soulagement, mais encore en voyant de jour en jour son mal s'aggraver, jusqu'au jour où un chirurgien en renom découvre qu'elle est affectée d'une luxation congénitale double des hanches, qu'il ne sait pas traiter ; puis, jusqu'au jour où un autre chirurgien découvre qu'elle est atteinte, en outre, d'une scoliose et remet l'enfant à ses parents, en déclarant qu'il n'y a plus qu'à tenter d'enrayer le mal désormais incurable.

« **En huit ans** », ils avaient réussi à développer dans cette enfant une double infirmité ; grassement payés pour la guérir, ils remettaient, aux parents désespérés, ce chef-d'œuvre de leur science : une enfant boiteuse et bossue.

Si quelqu'un vient maintenant qui, connaissant le mal et sachant le guérir, ose rendre à cette enfant la santé et la joie, d'une vie normale, que se passera-t-il ? Nous verrons accourir les praticiens ; nous les entendrons réclamer, au nom de leur diplôme, une sentence de la Justice qui interdise au « guérisseur » le droit de guérir, au malade le droit d'être guéri, et qui confirme au diplômé le droit de vie et de mort que lui donne son diplôme.

Un jour viendra peut-être où, las d'entendre tous les échos répéter le mot de l'oncle Prévost, nos praticiens comprendront qu'ils doivent apprendre avant d'exercer et qu'il est malhonnête d'empêcher autrui de faire le bien qu'on est incapable de faire soi-même.

Ce jour-là, si nos carabins ont quelque motif de plainte, la Justice n'aura pas tort en leur donnant raison.

Ce qu'ordonnent les diplômés

M. de la M. a dit le génial moyen que proposait son docteur pour lui guérir une entorse : le massage du ventre ! Un autre docteur, pour la même entorse, proposait les douches sulfureuses, un troisième recommandait la patience.

M*me* veuve R. (56 ans), atteinte d'une luxation de l'épaule gauche, venue peu à peu, sans cause violente, avec ankylose et atrophie du bras, est soignée, pendant cinq mois, par un docteur pour un rhumatisme musculaire et nerveux.

Elle se fait ensuite examiner par trois chirurgiens des hôpitaux de Paris, qui s'accordent, après des diagnostics effrayants, à déclarer que le bras était perdu.

Après un accident de voiture, M. H., souffrant d'une hanche luxée, se fait examiner par les médecins, qui prétendent qu'il n'y avait rien. Il marchait de moins en moins, la jambe s'atrophiant de plus en plus chaque jour, par l'incurie et l'ignorance des docteurs qui, pendant trois ans, le soignèrent sans voir la déviation.

Angèle B., luxation congénitale de la hanche, est examinée par un grand nombre de médecins, parmi lesquels deux célébrités, le docteur O., de Lyon, et le docteur D., de Montpellier. Ils sont unanimes à déclarer qu'il n'y a aucun espoir de guérison, que la fillette boitera toute sa vie.

MM. les chirurgiens de l'Assistance publique visitent le jeune Lucien D. et diagnostiquent une coxalgie. Après un traitement de dix-huit mois, l'enfant est remis à sa famille boiteux et condamné à rester boiteux.

Mlle Marie C. D. sort de l'Institut de Sens, marchant sans fatigue et sans boiter, chose qui n'avait pu se faire malgré le traitement de M. le docteur de St-G., si célèbre à Paris.

Atteinte d'une luxation congénitale de la hanche, Mlle Marthe de P., après six ans de traitements variés, n'a reçu des soins que lui ont donnés les médecins en renom ni amélioration ni même un léger soulagement.

Quels soins lui ont-ils donnés? Les mêmes, sans doute, qu'avait reçus Mlle Féret, dont le grand-père a conté la douloureuse odyssée.

Il n'y a qu'un moule où doivent passer tous les malades et ce moule, fatalement invariable et immobile, c'est l'enseignement officiel. En perpétuelle formation, la médecine n'a pas encore trouvé un principe solide sur lequel puissent s'appuyer ses prétentions à la science.

Mais ces prétentions tiennent la place des principes absents et nul n'a le droit de guérir s'il ne professe les doctrines de la Faculté. La médecine veut être une science, et les professeurs chargés de l'enseigner tiennent pour intangibles *les erreurs absolues* qu'ils enseignent. Le corps médical en est gangrené.

Les esprits chercheurs tenteront de briser la coque où on les a enfermés, qu'ils prennent garde! L'enseignement traditionnel, toujours infaillible, surtout quand il se trompe, veille et saura se venger.

Quant aux profanes, étrangers aux mystères d'Esculape et de la Cabale, ils doivent garder pour eux ce qu'ils savent; car la Faculté n'admet pas qu'ils sachent quelque chose.

C'était un sujet intéressant et facile à traiter, cette petite Marie-Thérèse Féret. Ses parents, devançant les recommandations du docteur Calot et les devançant de vingt ans, avertissaient, en 1883, le médecin de la famille de la marche embarrassée de Marie-Thérèse. Mais le médecin, qui, à cette époque, ne pouvait connaître et n'avait pas deviné les recommandations du savant orthopédiste, se contenta de mesurer les jambes, qui étaient égales, d'examiner le corps, qui lui parut bien conformé, et promit que le temps arrangerait tout, si quelque chose était dérangé.

L'enfant grandit et marcha plus mal.

La famille appela deux médecins, qui ordonnèrent les bains salés et l'électricité pour faire des muscles que l'enfant n'avait pas. La fillette avait trois ans et demi quand elle fut présentée, sur le conseil du médecin de la famille, au grand médecin du moment. La Faculté a toujours un grand médecin en réserve pour sauver la face et entretenir la foi des naïfs en son infaillibilité. Le grand médecin du jour était le docteur de St-G., qui, le 8 mars 1886, constata une luxation congénitale des hanches, complète d'un côté, incomplète de l'autre. Le quatrième docteur consulté trouvait enfin quelque chose.

Que va-t-il ordonner ?

D'abord une ceinture moulée, puis des bains salés et l'électricité ; enfin, il donna l'assurance que, dans trois ans, l'enfant marcherait bien et serait guérie. L'ordonnance fut ponctuellement exécutée.

Mais, en 1887, on fut obligé de retourner chez M. de St-G., qui modifia la ceinture, et, en 1888, fit une nouvelle ordonnance, sans résultat.

La famille, après trois ans révolus, mit de côté M. de St-G. et consulta M. S., *cinquième*, qui prescrivit des fortifiants et une ou deux saisons d'eau par année, à Salies-de-Béarn.

En novembre 1889, nouvelle ceinture prescrite par M. Collin, chirurgien, *sixième*.

En juin 1891, nouvelle ceinture Collin.

Enfin, consultation de M. L., chirurgien en chef de l'hôpital Saint-Joseph, à Paris, en novembre 1893, *septième*, et nouvel appareil.

Après onze ans, malgré les efforts successifs des sommités

et des spécialistes, Marie-Thérèse *ne marchait pas*, pouvait à peine se soutenir et *devenait bossue*.

Pendant cinq ans, c'est le diagnostic du docteur de St-G. qui dirige tous les efforts des praticiens. L'enfant est atteinte d'une luxation congénitale double des hanches. Pas un de ces réputés savants ne s'aventure à attaquer le mal directement : des réconfortants, des ceintures moulées, des appareils à tiges de fer, des bains salés, l'électricité, etc., etc. Ils ne sortent pas de là. Et la double luxation, l'une complète, l'autre incomplète ? On dirait que cela ne les regarde pas. La nature en fera son affaire. Le docteur qui a su les découvrir ne sait lui-même leur opposer que « *les pratiques surannées de maîtres trop écoutés* ». Cela s'appelle la science.

Quand vint de Fontainebleau la première lettre d'une parente avertissant la famille Féret que deux enfants, ses voisins, infirmes comme Marie-Thérèse, avaient été guéris par le curé de La Selle-en-Hermois, on ne fit aucune attention à cet avis. Après les sommités de la science, qui avaient échoué, quel présomptueux oserait entreprendre une cure évidemment impossible ? Une deuxième lettre insista et fit réfléchir. Le médecin de la famille fut consulté et pensa qu'il fallait voir. On alla voir. En quelques minutes, les deux hanches de Marie-Thérèse furent remises en place et *artistement* bandées. Les jambes allongées, l'une de dix centimètres, l'autre de deux, se trouvèrent d'égale longueur. Le onzième jour après l'opération, elle commença à marcher ; trois jours plus tard, elle se promenait avec deux petits bâtons. Cinq mois après la suppression des bandages, il ne restait plus traces des infirmités, et l'enfant, d'une joie exubérante, connaissait enfin ce qu'est la force et la santé.

Nous ne demanderons pas à la *Justice* qu'elle nous dise où est la science, chez les diplômés ou chez le rebouteur. Elle n'est pas juge de ces questions, et elle a bien assez à faire d'appliquer les lois sans blesser le bon sens.

Ce que fait M. Crud

M. Crud fait des opérations sûres, rapides, sans douleur. Il rejette le plâtre, l'immobilisation, l'électricité, les opérations sanglantes et le chloroforme.

Sa méthode orthopédique prend le contre-pied des pratiques surannées de la Faculté.

Elle est venue au moment opportun, à l'heure où la Faculté, ne sachant à quel diable se vouer, appelait à son aide le plâtre, les rayons X, l'électricité, les douches sulfureuses, le cuir et l'acier, les corsets moulés, les jambières sans tige et à tige de fer, les ceintures, les gouttières, les cadres, etc., etc. Qui pourrait dire où elle se serait arrêtée dans cette merveilleuse efflorescence de chefs-d'œuvre orthopédiques à laquelle chaque praticien apportait une pièce nouvelle, tous s'appliquant à trouver, pour des maux qu'ils croyaient incurables, un appareil plus riche, plus élégant et moins lourd ? Du mal lui-même nul ne se souciait ; la Faculté n'avait cure que des instruments ingénieux, « des mécaniques compliquées », derrière lesquelles elle abritait son ignorance.

Quand, un jour, on vit un vigoureux vieillard, un revenant des missions d'Amérique, occuper ses loisirs à briser un à un ces chefs-d'œuvre de l'impuissance médicale, ce fut une stupéfaction universelle.

— Que faites-vous de ces ridicules béquilles, dit-il un jour à une enfant de six ans, qui se traînait sur deux jambes molles et fluettes ?

— Monsieur, le grand médecin de Paris a dit à maman qu'il me les fallait, sans quoi je ne pourrais bientôt plus marcher.

— Vous direz à votre maman que je désire lui parler.

— Oui, Monsieur.

Quinze jours après les béquilles étaient solennellement suspendues dans le musée de l'Institut, pendant que la maman pleurait de joie et que la fillette sautait en battant des mains.

Qu'est-ce que M. Crud avait fait que le grand médecin de Paris ignorait ou ne savait pas faire ?

M. Crud avait reconnu l'origine et le siège du mal et il y avait porté remède. La luxation des hanches avait été réduite, un solide bandage avait, pendant quelques jours, protégé et confirmé les résultats de l'opération ; des massages, des marches et des mouvements, réglés par l'opérateur, achevèrent en trois mois la guérison.

Rappelons que le traitement de la luxation congénitale des hanches est, selon le témoignage de M. Gilles, *une spécialisation vraiment nouvelle de M. Crud, qu'il serait injuste de lui refuser*. Le lecteur vient de voir combien *sûr, rapide* et *indolore* est le traitement inventé par M. Crud.

Mais ce traitement a d'autres applications ; on le retrouve dans la coxalgie, la scoliose, le pied-bot, toutes les déviations, dans la paralysie infantile, dans les ankyloses de toute sorte. L'opération, qui le caractérise selon les différents cas, est au fond toujours la même, **remettre en place la partie déplacée du squelette**.

Tout est là en **orthopédie**, qui est l'art de corriger les difformités du corps.

Elle est donc logique la méthode qui s'attaque à *celle charpente qu'est le squelette*, cherche ses difformités et les guérit d'abord. C'est là le point capital de la découverte de M. Crud. C'est ce qu'il fallait trouver, avant d'imaginer les mille appareils qui font oublier de guérir le mal et en cela causent plus de mal que de bien.

Parce qu'il a compris qu'il fallait traiter les affections orthopédiques non dans leurs effets, mais dans leurs causes, M. Crud a réduit l'orthopédie à sa plus simple expression. Ne lui demandez pas de faire trois opérations là où il n'en faut qu'une ; ne lui demandez pas de tâtonner pendant six mois pour trouver la cavité naturelle de la tête du fémur, qu'il trouve dès le premier jour ; ne lui demandez pas de faire de la coxalgie une maladie distincte de la luxation de la hanche, puisqu'elle ne peut être guérie qu'avec la luxation ; ne lui demandez pas des chaussures spéciales pour rétablir le pied-bot; un corset, même artistique, pour corriger la scoliose ; un plâtre Calot pour guérir la paralysie infantile et le mal de Pott; M. Crud va d'abord droit au squelette, le palpe, en reconnaît la situation dans la partie affectée. Si l'opération nécessaire pour le redressement est possible, il la fait.

Après l'opération, il se contente d'en garantir le résultat par les moyens les plus simples et les plus praticables, qui sont en même temps les plus rapides et les plus efficaces.

Des cadres pour immobiliser les patients des mois entiers ? Des plâtres qui ne servent à rien ? L'électricité et le bistouri ? Et les rayons X pour ne rien voir ?

M. Crud pense que l'immobilisation prolongée est inutile, quand elle n'est pas dangereuse ; que le plâtre est quelquefois dangereux et toujours inutile ; que l'électricité et le bistouri n'ont jamais redressé personne, et que le produit des rayons X ne peut remplacer le doigté de l'anatomiste, qui connaît la région qu'il doit explorer et soigner. Donnez-lui quelques mètres de toile en bandes et quelques éclisses légères ; ce sont les seuls appareils orthopédiques, avec les deux bâtons blancs, qu'il consent à employer.

Et ce qu'il fait avec cela, ceux qui l'ont vu vont le dire.

Nous laisserons parler :

Les guéris reconnaissants,

Les zélateurs dévoués de la bonne méthode,

Les docteurs intéressés,

Et les témoins désintéressés.

Ils nous apprendront ce qu'est un médecin digne de ce nom, quelle affectueuse estime il inspire et pourquoi les malades qu'il traite sont tous empressés et joyeux.

CHAPITRE QUATRIÈME

LE TRIOMPHE DE LA MÉTHODE CRUD

**Ce que disent les malades.
Ce que disent les zélateurs de la méthode.
Ce que disent les docteurs intéressés.
Ce que disent les témoins désintéressés.**

Ce que disent les malades

Les lettres que nous reproduisons sont intéressantes par l'accent de sincérité et de confiance, par le ton enjoué, libre et respectueux à la fois, respectueux jusqu'à la vénération, qui les caractérise. Elles ne parlent ni au médecin ni au confesseur, mais à quelqu'un qui tient de l'un et de l'autre. Sous les formules dictées par le respect se fait sentir le cœur confiant ; et ce n'est pas le compte rendu guindé d'un obligé d'occasion, mais plutôt la confidence d'un ami.

Après chacune des lettres qu'il lira, le lecteur pourra dire, en toute vérité : « Je viens d'en lire cent. »

« Nantes, le 10 juillet 1897.

» Monsieur l'Abbé, je manquerais à tous mes devoirs si je différais plus longtemps à venir vous annoncer notre joie de voir notre petite Marguerite de la V., que je vous ai conduite à la fin de septembre pour déboîtement de la hanche droite, parfaitement guérie et ne boitant plus du tout, depuis à peu près un mois.

» Tant qu'elle se balançait un peu, je ne voulais pas vous en parler, dans la crainte de vous confirmer l'incrédulité que vous me reprochiez pendant mon séjour à Sens. J'ai voulu complète guérison pour venir moi-même vous annoncer cette bonne nouvelle.

» Je viens donc vous remercier, Monsieur l'Abbé, en mon nom personnel et à celui des heureux parents, de la cure merveilleuse que vous avez faite, en mettant notre chère petite fille bien droite. Soyez assuré, Monsieur l'Abbé, de notre sincère et éternelle reconnaissance.

» J'ai toujours tenu l'enfant bandée, qui ne s'en trouve pas mal du tout ; elle a grandi et s'est fortifiée. Faut-il encore continuer le bandage ?

» Voulez-vous me dire, Monsieur l'Abbé, si vous pouvez quelque chose pour moi. Vous vous souvenez que je boite énormément des deux hanches, surtout de la droite, dont je souffre tant, que je suis persuadée que je dois avoir un nerf déplacé.

» Je serais donc bien heureuse si vous pouviez me recevoir le plus vite possible pour tenter de m'apporter un peu de soulagement, car plus je vais et moins je peux remuer.

» Je suppose que vous logez toujours au presbytère ; c'est là que je préférerais être, connaissant déjà les habitudes de la maison.

» Ne trouverais-je pas, à Sens, une personne convenable et capable pour me soigner, pendant que je serais retenue sur mon lit, pour éviter les frais de voyage de ma garde-malade ?

» Soyez assez bon pour me répondre à quelle époque à peu près vous pourriez m'appeler pour que je puisse me tenir à votre disposition.....

» A. DE LA P. »

« Paris, 11 juin 1895.

» Madame, au moment même de partir pour la campagne, nous avons reçu votre charmante petite lettre, et c'est avec plaisir que nous y voyons que Mlle d'H. de G. est sortie de l'Institut et qu'elle marche bien ; les forces venant peu à peu, vous serez comme nous satisfaits de la cure.

» Chez nous, notre fillette va très bien, elle marche bien droit, pose bien son petit talon à plat et, d'un jour à l'autre, nous la laisserons marcher seule. Nous nous réjouissons de plus en plus d'avoir eu connaissance de cet Institut orthopédique de Sens. En arrivant, il y a un mois, malgré les éloges que l'on nous en avait faits, nous avions une grande crainte en apprenant que l'abbé Crud, non seulement n'opérait pas, mais n'assistait même pas à l'opération. Il m'avait bien assuré que le docteur Colombe appliquait sa méthode et avait saisi son tour de main. Mais j'aurais préféré que ce fût l'abbé qui fît l'opération…. Aujourd'hui, nous sommes bien heureux….

» J'ai entendu dire qu'on voulait l'attaquer. Je ne sais pourquoi, puisqu'il n'exerce pas ; mais je trouve cela infâme de la part des médecins qui veulent faire la guerre à cette maison. Lorsque l'on voit des enfants qui sont restés des années dans des gouttières sans que cela leur ai fait la moindre amélioration et qui, après une quinzaine, peuvent commencer à marcher, c'est miraculeux !…..

» E. L. »

De Mlle Thérèse V., cette lettre pleine des sentiments les plus délicatement affectueux :

« La Ciboise-Tain (Drôme), 31 décembre.

» Monsieur l'Abbé, voulez-vous me permettre de vous offrir tous mes vœux de bonne année et de rappeler à votre souvenir une Marseillaise qui vous doit une infinie reconnaissance pour le bien incomparable que vous lui avez fait.

» Je continue à faire l'admiration de toute ma famille et personne n'en croit ses yeux en me voyant marcher si droite. C'est tellement beau que j'ai quelquefois moi-même de la peine à croire à ma guérison.

» Je n'oublierai jamais mon séjour à Sens et votre si parfaite bonté, qui m'a aidée à supporter ma solitude, et je suis à présent très privée de ne plus vous voir. Il me semble que je n'ai pas su vous témoigner assez la profondeur de ma reconnaissance. Je demande au Bon Dieu de se charger de ma dette, car je la trouve bien trop forte pour des forces humaines. Je suis en ce moment auprès de mes deux cousines, que j'aime comme des sœurs ; elles me chargent de vous dire que vous avez tous les droits à leur reconnaissance et leur admiration. Elles me regardent marcher avec un plaisir toujours nouveau. J'ai revu, à Tain, Mlle de L. ; elle va très bien, et nous rappelons ensemble nos souvenirs de l'Institut. Je me suis permis d'envoyer quelques fleurs à Mlle Crud, j'espère qu'elles lui seront arrivées. Je vous prie de lui offrir mon meilleur souvenir. Rappelez-moi aussi au docteur Guermonprez, et recevez, Monsieur l'Abbé, mon profond respect avec mes sentiments d'éternelle reconnaissance.

» Thérèse V. »

« Lyon, le 8 mai 1897.

» Au mois d'août dernier, j'avais conduit ma petite fille, Marguerite G., à l'Institut orthopédique que vous dirigez.

» Elle était atteinte d'une luxation congénitale de la hanche. Après avoir suivi ponctuellement les indications que vous avez bien voulu nous donner pour rendre efficace l'opération que vous lui avez faite, nous voyons avec un grand plaisir que la guérison que vous annonciez fait des progrès. Je viens vous en exprimer mes remerciements et vous prier de croire à mon éternelle reconnaissance. Veuillez, je vous prie, faire part de mes sentiments à Mlle Crud, dont les conseils éclairés nous ont été aussi d'une si grande utilité pour arriver au bon résultat que nous avons atteint....

» F. G. »

Le grand procès de 1899 avait mis en émoi toute la clientèle de l'abbé Crud. Ce fut un soulagement quand on apprit que rien n'était changé dans le régime de l'Institut. La lettre suivante est un écho de l'impression générale. Ils durent regretter leur maladroite victoire, les auteurs du procès de Sens, quand ils virent le docteur Salmon et M. Crud reprendre les opérations que n'avaient pas interrompues, de leur côté, les docteurs Douvrin et Chantrel.

« Barbery, le 29 janvier 1900.

» Cher Monsieur l'Abbé, nous vous remercions bien sincèrement de tout l'intérêt que vous daignez nous témoigner, et votre lettre nous a fait un vif plaisir de nous apprendre que vous continuez à vous dévouer pour le soulagement des pauvres malades, dont un si grand nombre ont été guéris ou tout au moins soulagés par vous.

» Notre Henriette va aussi bien que possible, grâce à vos soins. Depuis bien longtemps, elle marche sans canne ; sa jambe a beaucoup profité ; elle boite encore un peu, mais cela ne l'empêche pas de bien marcher et de prendre de l'exercice aussi bien que tout le monde ; elle a encore deux centimètres de raccourcissement, mais cela n'est plus rien en comparaison de ce qu'elle était lorsque nous l'avons remise entre vos mains.

» Aussi, depuis que nous vous avons quitté, il n'est pas de semaine que nous ne parlions de vous, Monsieur l'Abbé, et nous avons bien pris part à votre peine, au moment de votre procès, et maudit les malheureux qui en sont les auteurs. Pen-

Pl. XV.

Arbanats — Le Calvaire.

dant un mois, nous nous sommes fait adresser les journaux de Sens pour suivre les phases du procès.

» Continuez, Monsieur l'Abbé, à faire le bien ; nos malheureux affligés vous béniront.

» Quant à nous, nous serons éternellement reconnaissants du bien que vous avez fait à notre fille, qui vous doit de marcher comme tout le monde.....

» A. D. »

De la malade guérie, ces quelques lignes :

« Cher Monsieur l'Abbé, la meilleure preuve que je puisse vous donner que je vais bien, c'est de vous dire que nous revenons d'un mariage à Paris, où j'étais demoiselle d'honneur. J'ai dansé, aussi bien et avec autant de plaisir que toutes les autres jeunes filles, depuis dix heures du soir jusqu'à trois heures et demie du matin ; et, le lendemain, j'étais prête à recommencer......

» Henriette D.,
» Château de C. (Orne). »

« A Mme C. D., Le T. (Orne).

» Chère Madame, mon silence doit vous paraître bien extraordinaire. J'en suis toute confuse, mais j'ai tant circulé ces temps-ci qu'il m'a été impossible de trouver une minute pour vous dire le plaisir que j'ai eu à recevoir d'aussi bonnes nouvelles de Mlle votre fille. Votre lettre m'a trouvée à Montereau, où M. de P. et ma fille aînée étaient venus nous rejoindre. Je suis retournée une journée à Sens, nous avons passé deux jours à Paris et nous voici en Normandie jusqu'au 25. C'est vous dire que Marthe va mieux, puisqu'elle supporte sans la moindre fatigue tous ces voyages, alors qu'elle se lève depuis un mois seulement et qu'elle serait encore couchée si nous avions continué à suivre les conseils des médecins. Elle commence à laisser ses bâtons, s'appuyant seulement sur une ombrelle ; elle a repris tous les mouvements de la jambe qu'elle n'avait plus depuis six ans, ce qui prouve que la hanche est bien en place, et le genou reprend un peu. Certainement, elle boite encore, mais je ne puis demander une guérison complète en si peu de temps, alors que tant de médecins n'avaient pu l'obtenir en plus de six années. Je suis bien reconnaissante au bon abbé Crud, qui a su trouver la cause du mal et dont j'ai apprécié le dévouement si désintéressé. Je ne puis m'expliquer quelles armes on emploiera pour le traduire en justice, et comment on oserait priver tant de malheureux malades des bienfaits de ses soins. Ceux qui viennent à lui sont ceux que les médecins reconnaissent inguérissables !

» Certainement, si tous ceux qu'il a guéris connaissaient la persécution à laquelle il est en butte, ils viendraient tous rendre témoignage en sa faveur. J'ai vu, pendant mes séjours à Sens, des cas de guérison bien frappants et je regrette de n'avoir pas les adresses de ces personnes-là. Je vous envoie, madame, la lettre que j'ai reçue de la mère d'une fillette de dix ans, qui était déhanchée de naissance et avait un raccourcissement de cinq centimètres et demi à la jambe gauche, constaté par le docteur ***. J'ai pu le constater aussi moi-même avant l'opération, qui a eu lieu le même jour que celle de ma fille ; quinze jours après les deux jambes étaient exactement pareilles.

» Ce sont ces cas-là, du reste, que M. l'abbé Crud guérit le plus sûrement.

» Je ne doute pas que les forces de Mlle votre fille ne reviennent aussi bien vite, et je veux espérer, chère Madame, que nous nous retrouverons un jour jouissant toutes les deux de la guérison complète de nos enfants.....

                              » P. DE P. »

« A., le 4 janvier 1905.

» Monsieur l'Abbé, je m'empresse de répondre à votre aimable lettre. Nous consentons de grand cœur à ce que vous citiez mon nom parmi ceux des malades que vous avez opérés avec succès.

» Je serai heureuse de rendre ainsi témoignage de la très grande amélioration que j'ai ressentie à la suite de votre traitement. Au bout de cinq semaines, la hanche avait pris une position normale et vous aviez, en un tour de main et d'une façon vraiment merveilleuse, rendu la vie au pied démis, paralysé et complètement déformé, et qui à présent est devenu semblable à l'autre.

» Je ne suis retournée à Lille que pour parfaire cette guérison, achever de fortifier l'articulation et les muscles, et faire complètement disparaître la déviation du bassin, dont il me restait encore quelque chose. Ces résultats, je les ai obtenus, et je ne pense pas qu'il soit possible d'en demander davantage.

» Il me reste encore, comme vous le dites, une légère claudication, mais qui ne me gêne en rien ; et si je compare mon état présent à ce qu'il était il y a sept ans, lors de mon opération, je ne puis que me déclarer satisfaite et bénir votre précieuse découverte, Monsieur l'Abbé !.....

» M. de M. »

Ce que disent les zélateurs de la méthode

« Lyon, Œuvre des convalescents.

» Monsieur l'Abbé, permettez-moi de recommander tout particulièrement à vos bons soins M. Edouard C., qui part pour suivre votre traitement.

» Je ne peux pas lui souhaiter plus complète réussite que la mienne, car je continue à marcher fort bien, malgré un vrai excès de fatigues, commandé par les besoins sans nombre de notre œuvre. Veuillez agréer.....

» Marthe de R. »

« Le T., 12 juin 1895.

» A Mme P. de P. (Orne).

» Madame, je suis heureuse de vous apprendre que ma petite Marie marche de mieux en mieux, et que maintenant elle ne se sert plus de bâtons.

» Je suis bien reconnaissante au digne et vénérable abbé Crud qui a opéré ce prodige ; car n'est-ce pas merveilleux de voir cette chère enfant marcher sans fatigue et sans boiter, chose qui n'avait pu se faire, malgré le traitement de M. le docteur ***, si célèbre à Paris ?

» Ce qui est plus merveilleux encore, c'est que l'enfant n'a éprouvé aucune souffrance pendant l'opération ni après, et que, depuis ce moment, sa santé, qui nous inspirait de fréquentes inquiétudes, s'est consolidée, bien que tout fortifiant ait été supprimé.

» Je fais tout mon possible pour envoyer à l'Institut des enfants ayant quelque infirmité analogue et j'ai déjà donné tous les renseignements possibles à plusieurs personnes du Nord, pour qu'elles puissent jouir de la même satisfaction que moi.

» Je suis bien contente que votre charmante demoiselle soit en bonne voie de guérison, et croyez bien que nous ne l'oublions pas près du Cœur de Jésus.....

» Veuillez, Madame, être mon interprète auprès de M. l'Abbé et de Mlle Crud pour leur offrir ma respectueuse reconnaissance.

» C. D. »

« Les Vans, 25 mars 1897.

» Monsieur l'Abbé, je suis tellement contente des résultats obtenus par votre traitement et j'ai chanté si haut mon bonheur que tous les pauvres infirmes viennent me trouver pour avoir des renseignements.

» Aujourd'hui, je viens vous parler pour un petit garçon de dix ans, qui a l'ankylose du genou. A l'âge de trois ans, il a fait une chute et depuis il marchait péniblement, le genou ayant été mal remis. Il y a deux ans, sa mère l'a amené à Lyon, où on lui a fait des pointes de feu ; puis on l'a mis dans un appareil de silicate ; il y est resté deux mois. Depuis cette époque, il marche avec des béquilles. Sa mère, qui n'a que ce fils et qui voudrait tant le voir guérir, me charge de vous demander, Monsieur l'Abbé, si vous espérez pouvoir le traiter et obtenir un résultat satisfaisant. A la suite de la chute, le genou a coulé un peu, mais maintenant il est sain ; seulement, il a cette jambe très atrophiée et elle est légèrement recourbée.

» Je dois vous parler également pour une femme de soixante ans qui s'est cassé un bras, il y a six mois. Il a été mal remis et elle ne peut plus porter la main à la tête.

» Ensuite, pour une jeune fille de dix-sept ans, qui a quelque chose dans la hanche. Quand le temps change, elle souffre beaucoup et ne peut plus marcher ; elle boite assez.

» Pour les deux premiers cas, je crois que vous pourriez les recevoir de suite, ne devant pas rester à l'Institut. Quant à la jeune fille, je vous prie de nous dire à quelle époque vous pourriez la recevoir.....

» M. N. »

« Béziers, 22 avril.

» Monsieur le Curé, en me rappelant à votre bienveillant souvenir et surtout en vous exprimant encore notre reconnaissance, j'ose espérer que vous voudrez bien accueillir favorablement ma demande. Je suis sûre d'avance d'être bien reçue en nommant la mère de Paulette C., que vous avez si vite et si bien guérie.

» Je viens donc, Monsieur le Curé, vous demander de recevoir, le plus tôt possible, une fillette, qui a déjà pris rang et n'a pu venir à l'époque assignée, pour cause de maladie. C'est Mlle Paule A.

» Je m'intéresse d'autant plus à cette enfant qu'elle est ma filleule et que son infirmité augmente de jour en jour. J'ai poussé sa famille à vous l'envoyer au plus tôt et, comme je sais que vous devez aller à Lille, je désirerais bien que cette enfant fût soignée avant votre départ. Beaucoup d'ennuis et peu de moyens ; la dépense serait augmentée en allant plus loin ; c'est presque comme charité que je vous demande, Monsieur, non pas de la soigner gratis, mais de la recevoir tout de suite.

» Je mets tout mon cœur à vous faire cette demande, et j'espère qu'à cause de ma fille Paule, à qui vous avez témoigné tant de dévouement et d'affection, vous m'accorderez cela.

» Paule continue à bien aller et à faire mentir les hommes de science ; elle est très grande, marche sans aucune difficulté et vous reste bien attachée. Paule A., ma filleule, doit faire sa première communion vers le milieu de juin, mais on retarderait s'il fallait le faire. Cette enfant a une luxation simple congénitale.....

» M. C. »

Du père de Mlle Paule C. :

« Béziers, 2 février 1896.

» Cher Monsieur, je croirais manquer à ma conscience et à mon devoir de retarder mes remerciements.

» C'est plutôt de l'admiration qu'aucun sentiment autre. Je

ne sais comment vous exprimer ma joie. Paulette marche !... Je n'en reviens pas. C'est à vous que je dois cette résurrection. Recevez l'expression de ma gratitude.

» J'espère avoir la satisfaction de vous remercier de vive voix de cette cure miraculeuse. En attendant, je suis heureux et tout ému de crier bien haut mon contentement..... »

« Ol. (B.-Pyr.), le 7 mars 1898.

» Monsieur l'Abbé, me voici revenu depuis quelques jours à Ol., après avoir fait l'admiration de mes amis de Paris et de Bayonne, par le redressement merveilleux que vous avez opéré en moi. Notre docteur, qui est venu me voir, était tout stupéfait et ne pouvait en croire ses yeux.

» Il a constaté que tout était remis en place. Seulement, et c'est là que je crois qu'il se trompe, il m'a engagé à me reposer.

» Je n'ai pu vous voir avant mon départ de Sens, d'abord pour vous remercier, ensuite pour vous demander quelques instructions ; car ici nul n'est en état de me diriger dans ma convalescence, et je crois qu'on prendrait aisément la contre-partie de ce que je dois faire.

» Notre ville est très accidentée et je ne puis faire au delà de cent cinquante pas hors de chez moi, sans me buter à des côtes de trois cents mètres de long et même à des lacets de près d'un kilomètre. Ces côtes ont en moyenne une pente de quatre à six centimètres par mètre et, en certains endroits, elle va jusqu'à dix centimètres par mètre. Je les ai montées et descendues déjà plusieurs fois ; mais, vers le haut de la montée, je me sens un peu fatigué, à cause de la pression que je dois forcément exercer avec la jambe opérée, sur laquelle je ne puis ou n'ose bien m'appuyer.

» Quant à la descente, elle me fait éprouver un léger soubresaut.

» Je vous serai bien obligé de me faire savoir si je puis, sans inconvénient, monter et descendre ces côtes.....

» A. L. »

Le même rédigea, quelques mois plus tard, la note suivante :

« Depuis mon retour de Sens, en février 1898, je vais de mieux en mieux et maintenant je marche comme un troupier, sans fatigue et droit comme un I; de rhumatisme je n'en ai pas plus que sur la main et je n'en ai jamais eu ; les douleurs que j'éprouvais étaient occasionnées par le déplacement des os du bassin et de la cuisse ; je mange et dors comme un jeune homme de vingt ans, je ne saurais assez remercier Dieu de m'avoir fait connaître cet excellent abbé Crud.

» Il s'est maintenant transporté à Canteleu-Lille (Nord), pour cause d'agrandissement, à la demande du doyen de la Faculté libre de cette ville, qui a étudié la méthode à fond et l'a prise à cœur.

» Si vous connaissez quelque boiteux de naissance ou d'accident, dites-lui qu'il s'adresse à l'abbé Crud (Institut orthopédique de Canteleu-Lille) ; qu'il explique ce qu'il éprouve, et on lui répondra si oui ou non on peut le guérir.....

» On traite spécialement les luxations, les ankyloses et toutes les maladies des articulations, même certaines paralysies infantiles. Se garder des médecins qui vous mettent bêtement dans des gouttières pendant des mois, ou vous font dépenser un argent fou à courir les eaux thermales.....

» A. L. »

Ce que disent les docteurs intéressés

« 26 octobre.

» Monsieur le Curé, permettez que je vienne vous offrir mes bien sincères remerciements ; depuis deux jours, nous avons ici ma petite-fille, Marie-Thérèse V. Vous ne pourriez croire l'émotion que toute la famille a éprouvée en la voyant marcher ; c'est pour moi à un tel point que je n'ose la considérer, et je la prie de ne pas marcher devant moi ; cela me donne un tremblement nerveux, je ne puis croire à ce changement.

» Nos docteurs, sans avoir examiné la situation de cette chère enfant, nous décourageaient, affirmant que cela ne pourrait réussir. Maintenant, ils prétendent que cela ne sera que de peu de durée, que l'état ancien reviendra. A la volonté Providentielle, qui m'a inspiré de la confier à vos soins ! La surprise, pour tous ceux qui la connaissaient, a été, je vous l'affirme, bien grande et nous vous en aurons une vive reconnaissance. Veuillez.....

» Vve F. F. »

« Pithiviers, 28 janvier 1896.

» Chère Mademoiselle, si le triste événement que vous connaissez n'était venu plonger dans le deuil notre fin d'année et assombrir fortement celle qui vient de commencer, nous ne serions pas aussi en retard à vous exprimer, ainsi qu'à Monsieur l'Abbé, nos meilleurs souhaits pour l'année 1896, et surtout vous offrir l'assurance de notre bien vive reconnaissance. Sans vous, que serait devenue notre pauvre Cécile, puisque nos médecins étaient impuissants à la guérir ?

» Aujourd'hui, elle va très bien ; sa démarche devient de plus en plus assurée et tous ceux qui la voient sont dans l'admiration.

» Les docteurs eux-mêmes, ne pouvant plus nier l'évidence, disent : « Si cela tient, c'est merveilleux ! » Pour nous, qui savons que cela tiendra, nous sommes absolument ravis et, puisque nous sommes impuissants à vous rendre faiblement le bien que vous nous avez fait, nous demandons au Bon

Dieu qu'il fasse retomber en bénédictions sur vous toutes les actions de grâces que vous envoient les pauvres désespérés que vous avez ressuscités.

» Nous pensons vous reconduire Cécile vers le mois de mars ou d'avril. Du reste, nous vous préviendrons de notre visite. Mon mari se joint à moi, chère Mademoiselle, pour vous offrir, ainsi qu'à M. l'Abbé, l'assurance de notre respectueuse et éternelle reconnaissance. Cécile vous dit bien fort : Merci !

» Votre toute dévouée,

» M. B. »

« Nos docteurs », impuissants à guérir, disaient : « Si cela tient, c'est merveilleux » ! Et cela tient ! Ils avaient dit, avant la guérison : « Cela ne peut réussir. Il est inutile de le tenter. » Maintenant ils disent : « Cela ne tiendra pas. » En vérité, ils ont tant de succès dans leurs prédictions qu'ils auraient tort de ne plus prédire.

Combien de docteurs ont dit, après avoir vu partir pour Sens Mlle Marie-Thérèse V. : « Quelle folie ! Dans un pareil état, que peut-elle attendre du rebouteur qu'elle va consulter ? » Elle en attendait ce qu'elle a reçu, et c'est tellement beau qu'elle-même a quelquefois peine à croire à la guérison, que ses cousines et toute sa famille sont en admiration devant elle quand elle marche. Elle en a reçu ce qu'en a reçu comme elle Mlle M. de M., qui écrit, sept ans après son opération : « Au bout de cinq semaines, la hanche avait pris une position normale, et vous aviez, en un tour de main et d'une façon vraiment merveilleuse, rendu la vie au pied démis, paralysé et complètement déformé, et qui à présent est devenu semblable à l'autre »..... « J'ai voulu parfaire cette guérison et je suis revenue à Lille pour fortifier l'articulation et les muscles, faire disparaître la déviation du bassin dont il me restait quelque chose. Ces résultats, je les ai obtenus et je ne pense pas qu'il soit possible d'en demander davantage..... Si je compare mon état présent à ce qu'il était il y a sept ans, lors de mon opération, je ne puis que bénir votre précieuse découverte, Monsieur l'Abbé !... »

Il y avait sept ans, en 1905, qu'il en était ainsi. Il y a aujourd'hui quatorze ans !... Les docteurs ont-ils enfin compris qu'il est temps de se rendre à l'évidence, pour le bon renom de leur propre corporation ? M. Calot en doute, et le bon peuple continue de rire aux farces de Molière, dont les Diafoirus, père et fils, et Purgon sont, hélas ! immortels.

« Oloron, le 26 août 1898.

» Monsieur l'Abbé, je suis heureux de vous faire savoir que je vais de mieux en mieux et que tout le monde ici est étonné de me voir courir *comme un lapin*, suivant votre expression.

» Je vous rappelle que vous m'avez opéré, le 28 décembre dernier, d'une luxation à la hanche gauche, déjà fort ancienne, et d'une grande déformation du bassin, et que j'ai quitté Sens après huit semaines de traitement, y compris les quinze jours que j'ai passés à l'Institut.

» J'ai toujours continué à faire mes cent flexions par jour, deux frictions par semaine à la pommade camphrée, et de trois à six kilomètres par jour, presque toujours dans des chemins remplis de côtes raides, puisqu'il n'y en a pas d'autres dans notre pays.

» J'ai distribué à l'occasion les cinq ou six prospectus que j'avais emportés, et j'ai donné maintes fois votre adresse et des renseignements à des personnes qui me les ont demandés pour des parents ou des amis.....

» Les jeunes médecins ont écouté avec beaucoup d'intérêt ce que je leur ai raconté. Les vieux sont un peu plus récalcitrants. Pourquoi ? Le fait est qu'ils me paraissent bien neufs sur cette matière, et il leur en coûte de l'avouer.

» Je conserve encore une petite boiterie, surtout au départ, pour les cinq ou six premiers pas. Cela vient de l'atrophie et d'un peu de sensibilité, laquelle n'a pas tout à fait disparu, mais qui diminue chaque jour.....

» Je puis marcher sans canne pendant un bon kilomètre, ce que je n'avais jamais osé espérer.

» Je descends et monte les escaliers comme tout le monde, sans canne et sans me tenir à la rampe, et je marche très vite, si je veux, sans me fatiguer davantage.

» Je mange et dors bien et n'ai plus cette figure tirée et souffreteuse que j'avais autrefois.

» J'ai gagné, depuis les six mois que je suis revenu de Sens, *quatre* centimètres de tour à la cuisse de la jambe opérée. J'ai soin de la mesurer au même endroit chaque mois, tant pour vous informer des progrès que pour ma propre satisfaction.

» Sans précisément être fatigué, je me couche avec plaisir le soir, vers neuf heures ou neuf heures et demie.

» Je sens qu'à l'occasion je serais de force à faire dix à douze kilomètres d'une seule traite, sans sentir le besoin de m'asseoir.....

» J'ai vu le jeune d'U., opéré quatre ou cinq mois avant moi. Il va très bien ; mais il me semble que je suis aussi ingambe que lui. J'ai vu aussi Mme T., qui m'a dit que son fils va très bien, quoiqu'il n'ait fait ni flexions ni frictions et qu'il n'ait plus porté de bandages depuis son retour de Sens.

» Merci encore une fois, bien cher et dévoué monsieur l'Abbé, pour les bons soins dont vous n'avez cessé de m'entourer à Sens..... Ma famille, surtout ma fille, me chargent de vous exprimer leur reconnaissance. Mon fils, qui vient d'être ordonné prêtre, ne vous oubliera pas au saint sacrifice. Veuillez croire.....

» A. L. (57 ans 1/2). »

Le docteur Colombe, préparant l'Institut de Sens, écrit à M. Crud, en septembre 1894 :

« Monsieur le Curé, j'ai l'honneur de vous prévenir que nous irons chez vous, M. Perrin et moi, dimanche prochain, avant midi.

» Je vous apporterai le modèle de sous-seing privé que M. Perrin a bien voulu ébaucher.

» De La Selle, je me propose de partir pour Montargis, où je visiterai une de vos premières malades ; de là, je me dirigerai vers l'Auvergne.

» Laissez-moi vous dire, Monsieur le Curé, que je suis émerveillé des résultats que vous avez obtenus sur la personne de Mlle Féray (Féret, de Sens, que le lecteur connaît), de Mlle Brion et de M. Lesourd. Chez M. Goix, quoique le résultat soit moins concluant, il y a un tel soulagement que le malade est devenu un de vos adeptes les plus fervents. Je suis.....

» Dr COLOMBE. »

Du docteur A. D. :

« Wignehies (Nord), 21 juillet 1898.

» Monsieur l'Abbé, je suis toujours très heureux du résultat magnifique que vous avez fait obtenir à ma fille, en lui allongeant la jambe de six à huit centimètres, et je vous en serai toujours reconnaissant.

» Ce résultat paraît durable, le raccourcissement ne se reproduit pas ou fort peu. Elle marche avec un talon de deux ou trois centimètres, au lieu de son appareil qui en avait huit à dix.

» Cependant, à part cela, elle boite presque autant qu'autrefois et, lorsqu'elle se tient sur sa jambe malade, la luxation se reproduit et elle baisse de plusieurs centimètres.

» Pendant la marche rapide ou la course, ce raccourcissement n'a pas le temps de se produire aussi complètement.

» Mon but, en vous écrivant, est d'abord de vous remercier bien sincèrement de ce résultat, qui m'a assez surpris comme médecin et m'a réellement réconforté comme père. Je serais aussi très heureux d'apprendre si vous pensez qu'il y aurait encore lieu d'espérer une certaine amélioration de l'état actuel et, dans ce cas, nous profiterions des vacances pour aller à Sens avec notre fille, ou bien à Lille, si, comme on nous l'a dit, vous devez aller sous peu dans cette ville.

» Dans l'espoir d'une réponse prochaine.....

» Dr D. »

Du docteur Ernest B., médecin de 1re classe de la marine :

« Brest, le 16 février 1897.

» Monsieur, M. Fortin, dont vous avez si admirablement guéri la fille et qui veut bien me recommander à votre bienveillance, m'a fait espérer que vous pourriez traiter ma fille, atteinte de déviation de la colonne vertébrale. Elle est âgée de quinze ans et a l'apparence d'une petite fille de onze à douze ans. Malade depuis l'âge de trois ans, elle a maintenant une scoliose dorsale très prononcée.

» Sa santé générale est bonne; elle marche bien et sans fatigue. Si vous pouviez nous donner l'espoir, non de la guérison, je ne l'espère pas, mais de l'amélioration, je vous serais on ne peut plus reconnaissant de me le dire. Si, avant de vous prononcer, un examen de la petite malade est nécessaire, je vous serais obligé de m'indiquer le jour aussi rapproché que possible du commencement du traitement, car mon service de médecin de la marine ne me permet pas de m'absenter de Brest quand je veux.

» En attendant une réponse, que je désire vivement être favorable, recevez.....

» Dr E. B. »

Ce que disent les témoins désintéressés

« Maubeuge, le 19 mai 1898.

» Cher Monsieur l'abbé Crud, j'ai le plaisir de pouvoir vous envoyer l'avis d'un de vos adversaires, médecin à Sens.

» Mon patron, ancien élève de l'Ecole Centrale de Paris, s'étant adressé à l'un de ses camarades de l'Ecole, habitant l'Yonne, pour avoir des renseignements sur votre méthode, voici ce que ce monsieur lui a répondu :

« Je connais déjà plusieurs personnes qui se sont fait traiter,
» mais je voulais avoir l'**avis intime d'un médecin de**
» **Sens,** car lui-même et ses confrères ont cherché à faire
» fermer l'Institut, et je voulais savoir s'ils avaient de bonnes
» raisons.

» Eh bien ! les enquêtes ont démontré que le traitement est
» méthodique, scientifique et très généralement efficace.

» On n'a pas relevé de ces imprudences, de ces male-
» chances qui déconsidèrent une maison, ou qui du moins
» motivent les critiques. M. Crud, sa sœur surtout, soigne
» avec succès les déviations de la moelle épinière (colonne
» vertébrale), les coxalgies, les déformations natales et acci-
» dentelles. »

» L'ami de mon patron ajoute :

« Le médecin m'écrit (sans signer, mais avec moi très fran-
» chement) qu'il a vu des bassins, des genoux, des dos, des
» coudes, des cous, toutes les articulations plus ou moins
» déviées, transportées de la gare à l'Institut, sous les con-
» torsions les plus misérablement bizarres et que, **tout à**
» **fait rarement,** l'infirme ne peut lui-même circuler *bientôt*
» *à pied* dans les rues, puis reprendre le train. (Ils ont deux
» bâtons sur lesquels ils s'appuient à peine, c'est plutôt pour
» être rappelés toujours à la station verticale.)

» Le procédé de traitement consiste dans un reboutage, des
» tractions sur les membres, des massages, des ligatures, la
» reconstitution du sang, des systèmes musculaire et osseux.
» Chez les enfants surtout les résultats sont surprenants. Les
» membres sont redressés, allongés, mais naturellement il
» faut ensuite des précautions. »

» Ce médecin ajoute :

« Pour ma part, j'ai vu des enfants, des adultes, dont l'atti-
» tude était pénible, ne conserver, après plusieurs années et
» sans précautions spéciales, que des suites presque invisi-
» bles de l'ancienne difformité. Des enfants coxalgiques, qu'on
» avait torturés dans des caisses ou dans des formes en plâtre,
» toujours roulés en voiture jusqu'à l'âge de dix ans, courant
» comme les autres enfants, après un mois de traitement.
» Une grande et belle jeune fille qui boitait très bas n'a plus
» maintenant qu'un léger balancement. Parfois, le membre
» ne peut être allongé complètement, et alors on y remédie
» par une chaussure un peu plus haute.

» L'impression générale et motivée est ici qu'on a affaire
» non à des thaumaturges, à des charlatans, mais à des pra-
» ticiens prudents, et que nul accident ne semble avoir suc-
» cédé aux traitements.

» Dès l'arrivée du malade, M. Crud dit s'il est guérissable,
» s'il a des chances d'être absolument délivré de son infirmité,
» ou s'il n'en éprouvera qu'une amélioration. Ce dernier cas
» est le plus fréquent ; mais il est un fait curieux et évident,
» c'est que les arrivants peuvent se traîner à peine, que beau-
» coup se font porter et qu'après quelques jours de traitement
» ils circulent, tout heureux, par bandes et escortés par leurs
» familles ravies sur les promenades, dans les boutiques et
» passent même devant les voitures lancées avec une assu-
» rance surprenante. »

» L'ami de mon patron reprend :

« Ces renseignements sont ceux d'une personne plutôt scep-

Arbanats. — La Garonne.

» tique ; mais, pour ma famille ou pour moi-même, je n'hé-
» siterais pas à aller chercher à l'Institut au moins une amé-
» lioration.

» Evidemment, on peut éprouver des surprises, surtout s'il
» y a imprudence ou surmenage après le traitement. Mais, pour
» que nos médecins eux-mêmes envoient leurs malades se
» faire traiter à Sens, il faut vraiment qu'ils soient bien con-
» sciencieux et bien convaincus.

» Je vous parle bien sincèrement et *de visu*, car il n'est pas
» de semaine où je ne voie dans les trains des bandes de ma-
» lades avec leurs petits bâtons et l'air content. Etc., etc. »

» J'ai cru, Monsieur l'Abbé, qu'il vous serait agréable de
recevoir ces renseignements, c'est pourquoi je m'empresse
de vous les communiquer.

» En attendant votre arrivée à Lille, je vous prie d'agréer.....

» ALEX. L.,
» *Laboratoire de chimie des Hauts-Fourneaux
de Maubeuge (Nord).* »

Voici l'avis d'un autre médecin :

« Paris, 28 mai 1899.

» Très honoré Monsieur l'Abbé, M. D. vous conduit son
enfant demain, afin que, possiblement, vous réduisiez la
luxation du fémur sorti, depuis que je le connais, de sa
position normale.

» L'enfant a eu, lorsque je commençai à le traiter, le pouls
à 120, sueurs, estomac capricieux, mauvais ; *urine incolore*,
légèrement verdâtre, et amaigrissement notable, ne pouvant
pas se retourner dans son lit.

» Aujourd'hui : estomac bon, pouls 80, pas de sueur, se
remuant sans peine, et avec une tuméfaction dure sur le devant de la cuisse droite, qui tout récemment (il y a quinze
jours) montrait quelque fluctuation, comme si un abcès dût

y avoir lieu. Le ramollissement en a disparu, aussi bien qu'une partie de l'étendue acquise. L'urine est devenue *jaune*. Dans ces derniers temps, j'ai fait employer contre le mal de la teinture de cistus canadensis, de cinq à dix, à vingt et à trente gouttes par verre d'eau, une petite cuillerée, même une cuillerée à dessert comme dose, de trois à quatre fois par jour. Sous ce remède, l'état stationnaire alangui de l'enfant s'est beaucoup amélioré, car le cistus est d'un grand secours dans toutes les formes de la coxalgie, lorsque le stade fébrile en aura été combattu.

» Dans ce moment, dès aujourd'hui, l'enfant est sous l'influence de mercure, comme nous le donnons en homœopathie, à cause de la hanche et d'une fluxion dentaire, soit de périostite à la mâchoire gauche. Sur ce médicament, les deux Ecoles de médecine sont d'accord pour le traitement de la coxalgie. Ceci soit dit en termes généraux.

» Aussi bien, tout en recommandant aux parents d'avoir recours à vos soins éclairés, car j'admire en vous l'habileté et l'amour de l'humanité, je vous demande s'il n'est pas possible de continuer pour cet enfant le traitement interne — auquel il doit le retour à la vie à peu près normale — pendant le séjour qu'il doit faire en votre hospice ?

» Vous conduiriez à bonne fin votre réduction et solidification des tissus, et le cistus, par exemple, serait continué, après que les premiers effets de l'irritation, consécutive aux manipulations, auraient été combattus.

» J'espère n'avoir pas été trop prolixe, Monsieur l'Abbé, mais, s'il est une question sur laquelle j'eusse voulu m'étendre, c'est bien celle qui vous regarde ; pour qui j'ai estime et admiration, car il y a, en dehors de l'Académie proprement dite, des apôtres du bien dignes d'un profond respect. Permettez donc que je m'en exprime selon la pensée que j'en ai.

» Tout à vous. » Charles H. »

Nous voulons clore cette longue série de lettres par celle qu'adressait à M. Crud Rosalie N., « le miracle de M. Crud », et celle du maire de Courgis qui, en deux mots, fait le meilleur éloge de l'habile opérateur :

« Courgis, le 25 mai 1899.

» Monsieur l'abbé Crud, je vous écris pour vous donner de mes nouvelles. Je vous dirai que je me porte très bien : je marche sans canne et je ne souffre pas du tout. Je pourrais très bien travailler si j'avais de l'ouvrage. Si vous pouviez m'occuper chez vous, je vous en serais très reconnaissante. Mes parents n'ont pas besoin de moi, attendu que nous ne possédons rien.

» Je ne sais pas si vous vous rappelez de moi ; j'ai été opérée par vous et M. Guermonprez, qui m'a endormie le 7 août 1895. J'ai été amenée par Mlle Bercier, sœur du curé de Courgis. Vous m'appeliez votre miracle. C'en était un aussi. Ce n'est pas nous qui ont payé l'opération, c'est M. le Maire de Courgis.

» Si vous ne pouvez absolument pas m'occuper chez vous, faites donc votre possible pour me placer ailleurs.

» En attendant une réponse prochainement, recevez.....

» ROSALIE N. »

En adressant à M. Crud le prix de l'opération, le maire de Courgis écrit :

« Courgis, 29 août 1896.

» Monsieur l'Abbé, j'ai l'honneur de vous adresser ci-inclus la somme de 104 fr. 50.

» *Je vous remercie infiniment d'avoir osé essayer cette guérison si difficile.*

» Vous avez rendu la vie à cette malheureuse enfant, qui devra vous être éternellement reconnaissante.

» Agréez, Monsieur l'Abbé, l'assurance de mon admiration et de mon respect.

» *Le maire de Courgis,*
» A. GOURLAND. »

La lettre de Mlle Rosalie N. nous apprend que le docteur Guermonprez et M. Crud ont pris part à l'opération. M. le Maire de Courgis remercie l'opérateur d'avoir osé la faire. Un mot de M. Crud signale ce cas comme très extraordinaire ; la présence du docteur et sa coopération indiquent assez qu'il s'agit d'une infirmité telle que les plus habiles opérateurs ont besoin d'être assistés lorsqu'ils osent la tenter. Enfin, c'est *trois ans après* que Rosalie N. donne à M. Crud les nouvelles de sa santé, que nous venons de lire.

Cette même année 1896, dans le même moment, on s'occupait beaucoup de M. Crud dans les Facultés catholiques de Lille. Les succès orthopédiques des « Guérisseurs de Sens » provoquaient l'admiration de tous ; déjà se manifestait le regret d'avoir à franchir une si grande distance, pour aller de Lille à Sens. On y allait quand même. Mais le désir du rapprochement prenait une forme plus définie, qui devint bientôt un accord, puis un plan, et enfin le superbe Institut de Canteleu-lez-Lille par l'union de volontés généreuses résolues à faire le bien.

CONCLUSION

Est-il nécessaire de formuler la conclusion à laquelle tend le livre entier ? Ses quatre parties et les chapitres dont elles se composent vont à ce but unique : *Etablir par des dates et des faits incontestables* « **le mérite et la priorité de M. l'abbé Crud** *dans la création des procédés de la nouvelle orthopédie* ».

Cette revendication, au nom de la justice et de la vérité, ne pouvait éviter au passage de heurter les préventions de l'ignorance, les susceptibilités de l'amour-propre, les injustices du dépit, même les grossièretés de la haine. Elle n'y a pas manqué ; elles ne lui ont pas manqué.

Nous avons vu les préventions, les susceptibilités, les injustices ; il nous reste un mot à dire des grossièretés.

La haine ne se lasse pas : elle a déjà rempli des volumes de ses invectives et elle continue, comme si rien ne comptait de ce qu'elle a dit, tant elle sent l'inanité de ses griefs, la folie et la honte de ses emportements. Jamais assouvie, parce que toujours fourbe et toujours démasquée, elle est elle-même sa première victime.

Un mot, pour lui rappeler ce qu'elle fut et ce qu'elle est devenue ; nous le ferons court. Puisse-t-il trouver chez cette Erinnye assez d'intelligence et de cœur pour le comprendre !

L'aïeul

Les enfants, qui, vers 1850, connurent le spectacle des foires de province, se rappellent les splendides voitures dorées dont les panneaux étaient couverts de glaces étincelantes, et qu'un personnage, doré sur toutes les coutures, occupait.

La poitrine blindée d'une cuirasse d'argent, la tête surhaussée d'un casque d'or, sous lequel s'épanouissait sa face enluminée, il promenait sur la foule houleuse et grondante son sourire homérique d'olympien bon enfant.

A ses côtés, l'orchestre rudimentaire — trombone, cor et cornet, cymbale et caisse roulante — tout prêt à éclater, attendait le signal.

En avant et couvrant l'estrade, la série graduée des fioles multicolores, remplies de l'eau merveilleuse qui guérit tous les maux et prend tous les goûts, au gré des acheteurs, amères, insipides, sucrées, sans augmentation de prix : vingt, trente, quarante et cinquante centimes, selon la grandeur du récipient.

Cet homme était généreux et montrait qu'il pouvait l'être, car il remuait à la pelle, dans une vaste sébile, des flots de pièces d'or, recueillies à travers le monde, dans tous les pays. Riche comme un nabab, il aurait pu vivre dans un doux *far niente*..... Mais que serait devenue l'humanité souffrante ? Il n'avait point hésité : la paix, la fortune, la vie et ses joies furent immolées dans un héroïque sacrifice..... et il apporta à ses frères le fruit des longues et savantes recherches poursuivies sans répit dans les glaces du Nord et sous les feux du Midi.

« Etiquetées, numérotées, condensées dans un cristal précieux, les voilà ces recherches, sous les espèces d'essences uniques ; le voilà ce travail d'Hercule d'un quart de siècle, dotant l'humanité d'une incomparable, merveilleuse, divine panacée, et qui nous promet, dans un avenir prochain, la décisive victoire de l'homme sur la mort.

» Il n'y a qu'une eau merveilleuse et elle est ici ; ne la cherchez pas ailleurs et n'en cherchez pas d'autres.

» Approchez, Mesdames et Messieurs, en ordre et en silence..... Ne vous hâtez pas ; il y en a pour tout le monde. En avant la musique ! »

Et l'on entendait, parmi le brouhaha de la foire, le mouvement cadencé d'une foule montant à l'assaut des fioles.

Enlevées dans un clin d'œil, elles étaient remplacées par une deuxième sébile, où la foule déposait les gros sous et les pièces blanches dont elle payait l'eau claire qu'elle emportait.

Et lui, l'homme doré, d'un geste de détachement et de

pitié, lançait, sur la foule ébahie, une poignée des gros sous qu'elle venait de lui donner, et il rentrait solennel et souriant dans sa voiture.

Qu'est devenu ce charlatan de haut vol ?

Les petits-fils

Certes, ils sont légion les petits-fils qu'il a laissés. Mais la race paraît plutôt avachie.

Un brillant, riant et confortable cabinet a remplacé la roulotte dorée ; la cuirasse d'argent, le casque d'or, les brassards et les cuissards d'acier bruni ont disparu sous l'habit noir et le plastron blanc d'un gilet impeccable.

L'homme nouveau, le charlatan nouveau jeu, a déserté le théâtre des triomphes de l'aïeul. Aux foires, il cherche ses clients et, par sa présence, leur rappelle qu'ils sont ses débiteurs. Il parle haut et beaucoup, mais il fait peu de médecine ; son boniment va plutôt à la politique. La médecine se fait dans le cabinet, élégant comme un boudoir, où il s'enferme avec les clients.

Des splendeurs ancestrales il n'a gardé qu'un souvenir, *la sébile*. Il ne la remplit que des pièces d'or de France, et toutes de vingt francs. D'une main distraite, il les agite et les fait retomber en cascade sonore, pendant qu'il explique aux patients son diagnostic et son ordonnance. Les heureux clients apprennent ainsi, sans qu'ils aient la peine de le demander et lui l'embarras de le dire, que la consultation est de *vingt francs*. Habile et discrète industrie qui sévit, dit-on, particulièrement dans les villes d'eaux et stations thermales.

Elle ne produit, sans doute, que des effets restreints ; car l'impatiente misère des petits-fils du *charlatan-nabab* s'en plaint amèrement.

Malheur à l'homme osé qui se permet d'avoir un peu de science et de cœur et de guérir ses semblables, oubliant qu'ils sont, par la loi du diplôme, la chose des diplômés ! La correctionnelle le lui fera bien voir.

Est-il prudent, illustre docteur, de poursuivre de votre colère les « *guérisseurs* » de vos clients ?

Pauvres clients ! Pourquoi nous rappeler que vous n'avez pas su les guérir ? Est-il sage de qualifier de « *Forbans de la médecine* » les sauveurs de vos malades ?

Quel qualificatif vous appliquera-t-on à vous qui ne savez que faire payer sans guérir ?

Est-il juste de reprocher aux « guérisseurs » de vendre des vêtements, des bâtons et des chaussures qu'ils ne doivent à personne ?

Voulez-vous faire entendre que votre diplôme ne donne qu'à vous le droit de tout vendre, même les boues thermales où vous plongez votre clientèle, même les livres qu'elle emporte en souvenir du bourbier où vous l'avez baignée ?

Revenez, docteur, à l'innocent métier de votre aïeul. Reprenez sa voiture et ses drogues et son joli costume, mais corrigez votre bagout où vous donnez trop de place au vocabulaire des harengères. Plus sage était le style de l'aïeul, endiablé pourtant, mais propre toujours et de bon ton. Parlez comme lui, et j'ose vous promettre un triomphal succès de gaîté dans nos foires.

S'il vous manque un orchestre, vous trouverez dans votre voisinage *l'instrument démodé, qui rácle, crie et grince*, j'ai nommé **la vielle**. Il est à votre taille, à la hauteur de votre talent. Jouez, docteur ; vous êtes de force à réhabiliter **la vielle**.

En correctionnelle

Quand ils auront renoncé au triomphe falot des procès, nos docteurs demanderont, espérons-le, la sentence, irréformable parce que seule compétente, de leurs malades.

Pour eux et pour nous, ne souhaitons que cela. Pour eux et pour nous, l'avenir de la médecine n'est que là.

Le procès, intenté par la Société générale de Chirurgie de France à MM. Crud et Salmon, mit en présence deux adversaires : *le médecin* qui veut sauver la caisse, *le guérisseur* qui veut sauver le malade ; médecins contre médecins. Incapables de guérir, les uns s'appliquent à nier ou décrier les guérisons opérées par les autres. Ne regrettons pas ce malheureux procès de Sens, dont rougiront bientôt ceux qui l'ont voulu et obtenu et ceux qui en ont accepté la responsabilité. Rien ne pouvait servir plus efficacement les droits de MM. Crud et Salmon et de la liberté.

Si quelque tache reste sur les noms qui furent prononcés dans ce procès, vous ne la trouverez pas sur ceux des victimes. Ce fut une première victoire de la liberté contre l'arbitraire.

Si une honte pèse sur les acteurs de cette tragi-comédie, ceux-là seuls l'ont assumée qui ont voulu voir des accusateurs dans les témoins qui apportaient à la barre la preuve et le témoignage reconnaissant de leur guérison. Punis pour le bien qu'ils ont fait à leurs semblables! On accepte volontiers le châtiment d'une pareille faute : la victime est moins à plaindre que le bourreau.

Mais, si la cause de l'humanité et de la justice est sacrifiée, celle de la liberté demeure et prendra, quelque jour prochain, une éclatante revanche. Déjà on se demande, avec inquiétude, ce que veulent ces syndicats de médecins, dont le premier acte fut de relever leur tarif, et le deuxième de multiplier le nombre des participants aux opérations sanglantes et non sanglantes.

Ils augmentent d'abord le gain et, avec un parfait désintéressement, ils consentent à admettre un ou deux copartageants à cette curée d'un nouveau genre. Ce que l'on voit, en ce moment, de tous les côtés, provoque une exclamation de plus en plus haute et générale : « Auront-ils bientôt fini de nous exploiter ? »

Il faut qu'elle se fasse plus éclatante et plus énergique, il faut qu'elle soit entendue là où l'opinion publique n'est

pas impuissante, et que la Presse entière répète ce cri :
« Nous n'avons que faire de vos docteurs. Mais donnez-
nous des Guérisseurs ! »

En liberté

« Tout le monde a entendu parler du système Kneipp, car la méthode hydriatique est aujourd'hui pratiquée dans toute l'Europe. Naturellement, la France a été, comme toujours d'ailleurs, une des premières à accepter le système, et la création de nombreux établissements spéciaux ne s'est pas fait attendre. »

L'auteur de ces lignes, dont je tairai le nom *pour ne pas désobliger sa modestie*, est un diplômé, dit-on ; je le crois sans peine et je le regrette. Voici pourquoi : il vient de constater le succès européen de la méthode Kneipp et il va s'appliquer à démolir, non pas le système, mais l'homme.

« Si, au lieu d'habiter Wœrischoffen, il avait dirigé une paroisse du Cantal (Kneipp, bavarois et curé, est mort), il est incontestable que les journaux politiques et médicaux auraient bien vite daubé sur le malheureux ecclésiastique et l'auraient traité de charlatan.

» On aurait sûrement même trouvé le moyen de le traduire devant les tribunaux, qui n'auraient pas manqué de lui infliger une amende pour exercice illégal de la médecine. »

Notre docteur, dont je tais le nom *pour ne pas le désobliger*, se révèle ici pourvoyeur attentif de la correctionnelle. Mais il est, lui français et patriote, quelque chose de mieux.

« Kneipp était bavarois, il était gallophobe, il habitait Wœrischoffen ; ce sont là des raisons absolument suffisantes pour provoquer, en France du moins, le succès d'une entreprise. »

Notre docteur français, soi-disant patriote, trouve l'occasion de jeter à sa patrie une injure, il s'empresse d'en profiter. Voilà la France accusée de favoriser, de faire le succès de ses ennemis. L'Europe entière est avec nous, il est vrai ; mais le diplômé entend bien que la France prostitue sa sympathie et prodigue ses suffrages à Kneipp, *parce qu'il était bavarois, gallophobe et curé de Wœrischoffen.*

C'est ridicule, absurde, odieux..... tout ce qu'il vous plaira ; mais il faut que Kneipp soit écrasé, pulvérisé, réduit à rien, et il n'y a pas un autre moyen d'y arriver que de faire de la France je ne sais quelle pécore immonde, quelle infâme gourgandine, dont les faveurs sont acquises à ses pires ennemis.

Ainsi pense et écrit ce délicat diplômé. *La vielle est un instrument qui grince.*

Ce qu'il y a de plus triste chez cet homme, c'est qu'il se croit homme d'esprit. Voici son esprit : Kneipp est un vulgaire charlatan ; donc la France et l'Europe, qui l'écoutent et le suivent, méritent qu'on les enferme dans un cabanon. Il faut qu'il en soit ainsi, car, si Kneipp était un honnête homme et un savant, notre diplômé ne serait plus qu'un sot malhonnête.

Ce qu'il dit d'un mort, avec tout le respect d'un morticole pour ceux qu'il tue, nous donne une idée, une pâle idée, de ce qu'il pense et écrit des vivants.

M. Crud et sa sœur, Mlle Zoé Allard-Crud, sont vivants. Ils ont acquis une célébrité au moins égale à celle de l'abbé Kneipp ; M. Crud est prêtre, Mlle Crud est femme, c'est plus que suffisant pour autoriser le docteur X... à déverser sur eux quelques tonnes de ses boues thermales. Il lui a fallu modérer ses transports, mais il lui reste assez de boue pour un nouveau livre, où il relancera ses patientes victimes.

Le pauvre homme vit des boues qu'il vend et des gaffes qu'il fait. De quoi se plaint-il ? Ecoutons-le : « Et l'on voit de malheureux imbéciles se promener dans les rues de Sens, qui viennent, depuis plusieurs années, se faire exploiter par l'abbé et ses complices !

» Déjà, depuis longtemps, le corps médical de Sens protestait et dénonçait les pratiques chirurgicales de l'abbé Crud. Mais il comptait sans les bons socialistes du Conseil municipal de la ville.

» *Ces farouches partisans de la liberté, ces adversaires irréductibles du clergé* **protégeaient ouvertement l'abbé.** *Ils prirent un jour, en séance, une délibération dans laquelle ils exprimaient le vœu de voir la famille Crud ne pas abandonner la ville, à la prospérité de laquelle elle contribuait pour une si large part !* »

La vielle est un instrument qui râcle, crie et grince.
Quant au docteur X..., il oublie trop qu'il est un homme d'esprit. Tout à l'heure, c'était la France et l'Europe qu'il gourmandait ; maintenant, ce sont les malades de tous les pays et les socialistes de Sens qu'il prend à partie, parce qu'ils tiennent à M. Crud. Il a bien du malheur, notre diplômé !

Un bon conseil : Hâtez-vous, docteur, d'édifier votre fortune. Les temps deviennent mauvais, car la boue ne se vend plus.

La liberté ! N'est-elle donc, pour nos morticoles, que le privilège de nous soigner malgré nous, et pour nous que le privilège obligatoire de mourir entre leurs mains ?

A les entendre, nos diplômés, réclamer la protection de la loi et le bénéfice de leur diplôme, s'élever contre les « guérisseurs » et contester à Dieu même le pouvoir et le droit de guérir, on ne peut se défendre d'une impression de pitié qui confine au mépris.

Pasteur n'était pas médecin. A-t-il donc trouvé le remède de la rage dans les travaux de médecins authentiques ?

Dupuy n'est pas médecin. S'il guérit le cancer, a-t-il donc dérobé à quelque diplômé trop modeste son merveilleux secret ?

Crud n'est pas médecin. S'il guérit la luxation congénitale des hanches et la coxalgie, en a-t-il pris le remède dans les boues thermales de Dax ?

Kneipp n'était ni médecin, ni français. A-t-il donc pris pour la faire sienne la méthode hydriatique d'un médecin d'Autriche ?

En vérité, ils seraient à plaindre, nos diplômés, d'avoir été dépouillés de tant de mérite, de gloire et de profits, si nous avions moins à nous plaindre de leur incapacité, de leur ignorance et de leur grossièreté.

Nous demandons la liberté de chercher la guérison là où l'on peut la donner, la liberté de la solliciter même de Notre-Dame-de-Lourdes, au risque de voir traduire, quelque jour, *par nos syndicats médicaux, en police correctionnelle*, **la Vierge Guérisseuse**.

La Rochelle. — Imp. MASSON FILS & Cⁱᵉ.

2000